大學之道

張俊生／著

白象文化

自序

　　筆者有感於《老莊之道》（105 年 2 月 1 日出版），著重在意境的描述，且偏向文言，有難於理解之處。今閱讀古籍之餘，發現四書之一《大學》，乃是入德之門，古人學習成就與否的關鍵所在。於是改變書寫方式，用一種較為輕鬆口吻，將學習次第介紹出來。

　　首先，我們應該具備一種認識。中國一位已故知名人物方立天教授，畢其一生精研佛、道。結論是：佛教誕生於印度，漫長的時期，中國與印度沒有任何交涉。兩個古老國度在完全獨立狀態下，不僅政治、經濟、生活、風俗習慣迥然不同；另外語言、性格和思維方式，也幾乎是兩個世界，各自形成了一個屬於特有的傳統文化。這種在異地文化發展出來的佛教，傳入中土，必須完全仰仗經典的翻譯，才能為中土人民理解和接受。開始，譯經者如方先生所說，也是發現佛教心性論有道家的思想，道教心性論有佛教的意境。這是佛道兩家心性論的互動互補，交會融通的重要現象。是以佛經翻譯的關鍵字眼，大都採用道、陰陽家的重要術語。總之，方先生論述全面展現了老莊對佛教的深刻影響。無異於告訴學人：只有通達老莊，才能真實瞭解佛教。有這樣的說法：不究老莊怎通佛？

老子是何號人物？可說誰人不知、無人不曉，唯知之莫若孔夫子。一代至聖先師——孔子，有緣面見長者。既出，三日不發一語。正當隨從弟子亦感納悶之時，夫子喟然而嘆曰：「鳥，吾知其能飛；魚，吾知其能游；獸，吾知其能走。走者可以為罔（意即將之用網子擒來），游者可以為綸（將之用絲繩釣上來），飛者可以為矰（將之用弓箭射下來）。至於龍，吾不能知其乘風雲而上天。吾今日見老子，其猶龍邪！」其實夫子引喻老子的境界，已經跳脫天上飛的、地上走的、水裡游的……天地間各種現象的框框。人類的語言文字無法觸及，簡直超乎般般凡夫的想像空間。

　　由此可見，孔夫子尚且問禮於老聃。禮，說到究竟，還是宇宙人生真相。又佛經字源與老莊經典息息相關，儒、釋、道本是一家，殆無疑義。所以本次詮釋大學之道，當然採用道、佛穿插其中互相牽引佐證，俾大學之道能還原先人當初立義。要知道，古人一個心，今人也是一個心，人心的特質，不會隨時空環境的變遷而有所改變。特附中華道統七篇，乃是古人有修有證具體事蹟，以古為鏡。總之，這是提供現代學人一套最完整可行辦法，不可入寶山空手而回。

目錄

自序 5

大學 9

前言 10

經：一章，蓋孔子之言，而曾子述之。 13

傳：九章，則曾子之意而門人記之也。 41

    第一章 41

    第二章 45

    第三章 53

    第四章 62

    第五章 65

    第六章 71

    第七章 74

    第八章 78

    第九章 90

中華道統文化 113

前言 114

堯——禪讓天下 115

舜——大知大孝 122

禹——治平洪水 135

湯──好知好問.................................146

文王──周室三母.................................164

武王──孟津觀兵.................................179

周公──一身三變.................................193

大學

前言

　　現代人衣食不虞匱乏，精神生活卻是空虛，為何？心靈沒有著落。緣由我們人人舉頭仰望星空浩瀚無際，莫名！低頭便見一切色眾類，天上飛的、地上走的、水裡游的，無解！每天日昇日落為生活而忙、為工作而煩，各自活在自己慣性思維軌道裡。只好自我安慰的說，對自己好一點，活的健康一點，至於未來的變化，聽天由命，一點也作不了主。

　　好在，科學的腳步總是走在人類前端。由大的方面，發射太空梭、探測器航向無垠外太空尋找宇宙起源。由小的方面，生物學家借助高科技精密儀器，利用各種學術原理，解析物質極微元素，試圖解開生命的答案。無奈從大從小的探索，尚在揮汗耕耘，迄無最終結論。也有部分專家說，宇宙是無限度膨脹，天地宇宙可能來自於黑洞、蟲洞之說，或發生於無，詳細情形則不得而知。地球上最偉大科學家之一愛因斯坦也坦言：科學在造物主面前，只不過是兒戲。愛因斯坦、牛頓最後都不約而同走向神的信徒，相信老祖先講的話是對的。

　　於是有部分人轉而向我中華古籍求迷底找答案？翻開各宗各派經教典籍琳瑯滿目，莫衷一是。幾千年來，文字隨著時間的演進賦予不同時代意義，甚至於推陳出新改變

或含糊了本來的用意。希望透過文字解疑釋惑，又談何容易？不過，確實可以經由典籍的隻字片語，嗅出蛛絲馬跡。譬如佛家說：「萬法唯心造。」心如工畫師，能畫各種色。《道德經》老子云：「吾何以知眾甫之狀哉？以此！」眾甫之狀哉，指宇宙人生事實真相。以，按古文解，乃是心的作用，由心的途徑能得到生命解答。所以古大德講心包太虛、量周沙界。達摩祖師說「直指人心」。但是問題來了？心，人人會說，那個不曉。而真正能講清楚說明白，又有幾人？

幸好，二千八百年前孔夫子的教學、由曾子所傳《大學》，是至今保存相當完整的珍貴教材。筆者不揣簡陋，逐字推敲大學其中文字本身的結構及涵意，從中整理出來文字描繪心性的邏輯。這種文字符號有其一定的軌跡可循，即同一字在文章的出現，有其不可抹滅的定義，或說潛規則。在章句註解，透過相同文字前後對照方式，可以互相印證無訛。整部《大學》簡單的說，就是借用我們身體一步一步找到心源頭。套句時下流行話，學習一套完整標準作業程序（sop），從而解決人生第一等大事──生死問題。《大學之道》一書，再根據文字潛規則，將中華民族堯、舜、禹、湯、文、武、周公一脈相傳之道，古人一生事蹟、為道次第，以心印心、以心傳心，有修有證的相關典籍記載，兼之美麗境界，娓娓道來。

　　總之，現今人類醉心於科技的成果，伴隨而來的地球溫室效應，南北極地冰層融化擴大，大地反撲已不是不可能的事。尤其從年輕憂鬱症，到年老失憶症……等一連串問題，有增無減。值此時刻，莫要忘了，關懷咱家的心。智者言：「境隨心轉。」《壇經》云：「隨其心淨，即佛土淨。」有信仰，心乾淨了，自然就有意想不到清淨新世界的來臨。

經：一章，蓋孔子之言，而曾子述之。

大學之道①，在明明德②，在親民③，在止於至善④。

①人人面對煩惱所在天地裡，從年少受教育、年輕實現夢想、到年老有美好的去處。學習就在介爾念念之間是通往一個忘憂的地方、言語道斷所在。強名而說，新微域世界、或先天世界，有本來完美無暇元神不壞身。②貴就貴在矯正自我個性行為開始，從身上提起本具專注力，由內接觸到前所未有清淨念那一刻，享受到充沛內觀世界的滋味，必然展開另類無憂無慮的生命旅程。③就在內觀元神風采翩翩的初度降臨，天地之間悄悄起了變化，從今往後只是很巧妙的隨順人、事、物一切環境。④最終目的在於妄念完全轉過來元神恆順當下，心物一元。那是大到沒有範圍、心包太虛、量周沙界，你我本來故鄉家園真實存在的先天境界，永永遠遠過著逍遙自在生活。

這是夫子終身學習模式：學習不離日常生活，日常生活不離學習。

【註】

①大學之道：大，人之六根眼、耳、鼻、舌、身、意皆是夾雜莫名妄念，所謂有妄想、分別、執著的識心使然，是以形成的世事萬物無非我煩惱所在。之，人其念念之間心源頭，能生。道，一、就途徑而言，直指煩惱門；二、就方法而說，有門外專注力，或門內隨順內觀；三、究竟而論，元神新微域世界，或喚作先天世界。

②明明德：明有二，前者、矯正自我個性行為，內學途徑；後者係本能專注力，在於清楚本身煩惱念念之間隱約的狀況。德，清淨念的先天世界。如《道德經》第五十一章，德蓄之。

③親民：親，人外有人，此指我們本來元神乍現，剛嶄露頭角，稱之內觀元神。民，就先天而言，清淨念、微妙法身……等；也有指後天眾生、萬物。

④止於至善：止，停止妄念。至善，元神先天世界。

（本書引用《道德經》補註部分，一律採用《老莊之道》張俊星註解。）

知止而后有定①，定而后能靜②，靜而后能安③，
安而后能慮④，慮而后能得⑤。

這條內學的路，首先得認清一項事實，天地宇宙之
大，無非我煩惱所在。宇宙的說辭，如《淮南子‧齊俗
訓》：往古來今謂之宙，四方上下謂之宇。表達時空、天
地、萬物……之無有窮盡。

①就在日常生活六根接觸六塵之時，不要漫無目的雜
思亂想。要懂得打消念頭，清清楚楚感受到身上妄念不起
來，才不會隨著周遭環境起舞，不會搖擺不定受到影響。
②不受生活環境左右，才會有專心注意力升起來。③提起
專注力，相對的，一切時、一切處可以安心於當下。④本
身心安就有專注感隨順則無處不安，就擁有能力在煩惱上
下之際打量。⑤就在當下妄念滅了隨處見證有清淨念的出
入，大澈大悟，於焉正式打開內觀之門。

【註】

后：象人之形，施令以告四方，從一口，發號者。指人人身上
產生煩惱的原點，擴而充之心包太虛新微域的到來，也是宇宙
萬物主宰者——元神的生活環境。

物有本末①，事有終始②，知所先後③，則近道矣
④。

①要知道！時空交錯宇宙天地之所以形成，是因為有
妄念在先，來了我身之後、煩惱無邊，才有相對的一切存
在。②萬事萬物回到從前心包太虛一種新微域狀態，乃是
我們人人返璞歸真最初元神的生活環境，此一時大我元神
恆順眾生形成的新微域世界，一切法從心想生。時間告別
了、空間沒了、對立也消失了，無所障礙，多麼美好的去
處！③明白了，我們身上煩惱是先天心包太虛轉變後天煩
惱所在的分界線。④則一線之隔的元神先天法界，踏破鐵
鞋無覓處眼前就是了。

【註】

①物有本末：物，乃天地因妄想執著而來，亦即關鍵在於妄
　念。本，指妄念的源頭。末，天地之間現象。

②事有終始：事，對應於本及延伸出來的末，指世事萬物。
　終，心包太虛的新微域。始，元神新微域世界。如《道德
　經》第一章，無名，天地之始。

③知所先後：所，指煩惱所。

古之欲明明德於天下者，先治其國；欲治其國者，先齊其家；欲齊其家者，先修其身；欲修其身者，先正其心；欲正其心者，先誠其意；欲誠其意者，先致其知；致知在格物。

古之欲明明德於天下者：

緣由元神動了有所求的欲望，而成了時下一般眾生，人人頭腦有的是天南地北無邊無際妄念。如果想清楚了，還是得從煩惱念念之間時光隧道裡，明白有個毫無天障地礙的先天世界。妙就妙在，可以和平轉換成我心包太虛的元神，不復受現前色身的糾纏、老死的困惑。

【註】

古之欲：古，亙古以來存在元神。之，如開頭，大學之道。欲，欲望，即妄念。天下者：天下，有二意。有指世事萬物；有指人人既有心包太虛的元神，佛經稱如來。如《道德經》第十三章，愛以身為天下，若可託天下。者，本學有二意，有指人外有人元神，有指一般凡人。此指學習的人。

先治其國：

是的！要解決人人生命史上第一件大事，不能不具足大願。換句話說，人因為有夢想而偉大。學習期待有所得，就得先拓開心量，培養恢弘氣度、開闊胸襟、宏觀的視野，矢志敲開塵封煩惱門。如佛經言，想要修行大乘菩薩，首先必須發四弘誓願：「眾生無邊誓願度，煩惱無盡誓願斷，法門無量誓願學，佛道無上誓願成。」如此這般看似一點把握也沒，實際上只要落實於日常生活工作就是了。人是群居的動物，不能活在自己偏狹世界裡。不論身在國家社會那個階層、角落，擔任主管、幹部、職員，或負責人、員工、自由業……等何種角色。第一步在心平氣和落實自己的權責，要懂得盡心盡力負責盡職，做好本分的工作。這些看似無關緊要的事，卻是整個學習成敗的關鍵。可以在工作崗位上全心全意奉獻了，這種大公無私精神的展現，相應中華道統——大禹治水的初發心。謹記！大乘法是論心不論事，不在於事上的多寡論英雄。做對了，就如法，就是精進不已。縱使一份在別人眼裡最不起眼的工作，也毫無例外。所謂是，身在職場好修行。

【註】

先治其國：先，概括而言，指往心裡頭走，有追根究底之意。

參考前揭，知所先後。國：有先後天之分。先天指新微域心包太虛；後天指人的煩惱所在。如《道德經》第五十四章，以國觀國。古代人們受限於交通工具的不足，資訊並不發達，生活型態相當保守封閉，甚至於終其一生未踏出村莊家園一步。對於天地範圍的認識，國家可能是其最大極限了。先人為達到教學的效果，往往以國來引申整個宇宙天地觀，即煩惱所在。也有另一層涵意，主宰心包太虛世界，如同國王井然有序治理一個國家。更早一點，如中華神話女媧補天，往古之時，四極廢，九州裂……，則以九州來代表整個天地現象。綜上分析，仕對治其煩惱門是也。

欲治其國者：

《三字經》云：「人之初，性本善，性相近，習相遠。」人之初，意思是人人原本是元神身，乃是人外有人，即佛經如來金剛不壞之身。性本善，同前揭，在止於至善，本來居住在先天世界，那麼的無憂無慮、自由自在。性相近，同前揭則近道矣。習相遠，只因動了塵緣俗念，一線之隔先天法界消失，於是失去元神身而成了煩惱習氣深重的凡夫眾生。因為長久以來性格氣質上的偏差與缺陷，所以先天變的好遠好遠、遙不可及，甚至於忘了祂

的存在。今世發了宏願的學人，難免會受到與生俱來的習性扯後腿。原由人有擅於自我掩飾的本領，編個理由冠冕堂皇的原諒自己，所以習氣轉而成為含糊籠統的名詞，自己永遠看不到。這裡不妨舉個例子說明：譬如嬰兒呱呱墮地，小小的心靈世界，只有自己，沒有別人。所以餓了就哭、飽了就笑、冷熱不調也吵、傷風感冒就鬧、玩的時候高興的不得了；生活裡，又爭又求是理所當然，從來不在乎旁人感受，完全在任性而為之中。如此種種行為，就是原始習慣性表露無遺，正是所謂「習以為常」。所以說：「苟不教，性乃遷。」如果沒有學習教育的機會，放任個性漫無目的發展，簡直天翻地覆，無所不至。

【註】

欲治其國者：欲，有煩惱的凡人。相對於先，指身體力行的學人。以下欲……，先……。皆作如此解之。

先齊其家：

家庭是每個人來到世界上，最先接觸的地方。是一個人的根，生命的寄託所在，更是性格養成教育場所。父母的角色很獨特，非他人可以替代，也不能任意取消，天生

的親情永遠存在。時有耳聞，某人家教良好，表示有禮貌守規矩；相對的，某人家教很差，意味著，蠻橫的個性未加以修飾，很難溝通相處。這明確說明，家庭是維繫著整個學習的出發點。舉個大家熟悉的寓言故事：一個孩子從小喜歡偷東西，母親從未加以阻攔，倒有些鼓勵。長大之後成為大盜，殺人越貨、無所不幹。可想而知，被判死刑。臨刑前，母親來看自己的孩子，老淚縱橫。兒子向媽媽提出一個願望，我想再吃您最後一次奶，母親寵都來不及，豈有不應允之理。結果，你知道嗎？這人將母親的奶頭咬掉，說了句肺腑之言：如果不是您當年一再的放縱、不加管教，今天我也不至於淪落到如此下場。故事簡單明瞭，相當發人深省！總而言之，家庭是善與惡、是非與對錯、美德與惡行、公義與私利的整個習氣建立、訓練搖籃所在。

欲齊其家者：

想照顧好家庭的人，希望家裡有和諧美滿的生活，孝道是基礎。易言之，就是隨順的培養。唯有孝，才能具備有忍讓、寬容、謙恭的美德，上悅下和。對父母盡孝，子女看在眼裡、感受在心裡，尤其身教大於言教，自然仿效。於是父慈子孝、兄友弟恭，一團和氣。推而廣之，有

非凡的雅量、同理心、關懷他人、尊重別人、更懂得愛護大自然，最終達到生命與天地和諧為目標的大器人生。家庭倫理道德觀念，也許老生常談，卻是千古以來不變的道理。

先修其身：

家之本在身，如何將自己的角色定位好，我們看一段古人對此之觀點。

《列子・說符》：「子列子學於壺丘子林。壺丘子林曰：『子知持後，則可言持身矣。』列子曰：『願聞持後。』曰：『顧若影，則知之。』列子顧而觀影：形枉則影曲，形直則影正。然則枉直隨形而不在影，屈伸任物而不在我。此之謂持後而處先。」

大意是：春秋戰國的時候，列子問學於得道的壺丘子林。壺丘子林說：「你要先清楚人生學習目標，才可以談談欲將身體作何種用途。」列子說：「我躍躍欲知整個煩惱所在天地現象，盼望明白我生命的真諦。」所以壺丘子林舉一個例子說：「看看你的身影，不就清楚了。」列子回頭凝視自己在陽光下影子：身體傾斜則影子隨著彎曲，身子頂天立地則影子反映出來也是直立。於是了然於胸，形影的彎曲直立在於身體而不在影子。由此可見，世間人

處世態度能屈能伸隨順萬物眾生，存乎一心，而不是在淺顯的髮膚軀殼。茲心在內，不是明顯說明，學習宇宙人生大道在於內求而已，這是大學之道開始往內的起點。

【註】

此之謂持後而處先：如前揭，知所先後。

欲修其身者：

內學的方向正確，再說，身體作得了主嗎？講明白點，凡體出了狀況，病痛的折磨，應付都不暇了，更遑論學習有得。古大德講的貼切～「借假修真」，就是利用肉身才有修行的機會。今天我們之所以成天像陀螺轉個不停，問題就出在眼見、耳聞、鼻嗅、舌嘗、身觸、意念，第一時間點就被貪、瞋、痴習氣拉走，迷惑在物質世界裡不知不覺，長期下來身體那堪消受。是以孝經的開宗明義，子曰：「……身體髮膚，受之父母，不敢毀傷，孝之始也。立身行道，揚名於後世，以顯父母，孝之終也。」這裡的孝，不僅孝親而已，更有其深一層的涵義。夫子一開始就直接了當指出，身體絕對是重要的。再說明，有了寶貴的身體，才可以成立探索生命的奧妙，也就是懂得往

內尋寶的先決條件。終究名留後世，光宗耀祖。總之，養身之道不可偏廢，衛心很重要，只要留得青山在，學習路上少有障礙。

先正其心：

要照顧好身子，首先不能不了解心的作用，也就是人人六根接觸六塵的真相。每天日昇日落點點滴滴行為，可謂司空見慣了，絲毫不在意，豈不知大有文章在裡頭！肇因我們目光往往為肢體語言動作所吸引，只是投注在四下的環境，而忽略了起心動念處。打個比方，春雷乍響，整個事件的發生有其先後順序。一定是先閃電，後有轟隆巨響，這與身心表現方式相同。閃電猶如主角，心念在先；巨大聲響是配角，身體一切行為在後。這種微細的主從關係，可謂心動然後身體才有馬上行動。排除一些人體不經大腦意識的反射動作，只要好好的靜下來，稍有定功，體會並不難。

欲正其心者：

老子曰「……故心者形之主。」指出心念乃是身體的主人。內學之人挑明的，就是把這位發號司令的始作俑者揪出來。經過上揭分析，心產生妄念，指揮我們六根接觸

六塵之時，即是下手處。這世界啊，五顏六色，令人眼花
撩亂；靡靡之音啊，令人魂飛魄散；珍饈美味啊，令人流
連於口腹忘返；情色電玩啊，令人心發狂；更有名聞利養
啊，令人喜、怒、哀、樂、愛、惡、欲為之動容。學習就
在看破妄念的企圖心，知所回頭！也就是說，我們色身不
要一再淪為妄念的奴隸，任其為所欲為、予取予求，而疲
於奔命，傷身害命。

先誠其意：

《康熙字典》：為情所意念謂之意。乃人之妄心動
念，無非妄想雜念，皆視之為妄念，是情執習氣的產物，
謂之無邊煩惱，習氣，單刀直入的說，就是生生世世的記
憶種子。當我們細數往事如煙，一幕幕情景浮現腦海裡，
甚至於如數家珍，訴說著多少酸甜苦辣故事，其中包括從
小長大的家庭環境背景、受教育程度、朋友交往關係、乃
至財色名食睡誘引，從中耳濡目染衍生出來愛、恨、情、
仇……等種種因素綜合體，好、壞事一蘿筐。只能說，凡
走過必留下痕跡，一個人的回憶錄。經過如此交織醞釀出
來的習氣，總括有貪、嗔、癡、慢、疑……等。說穿了，
莫不是既有自私自利在作祟，也叫做個別意識型態、個
性、習性、性格、人格特質、業障……等等。是以人人皆

有潛在記憶上認知的差距，單純一件事，彼此看法不同，絕對無可厚非。這種微妙關係，如北宋文學家蘇東坡有首詩寫的好：「橫看成嶺側成峯，遠近高低各不同，不識盧山真面目，只緣身在此山中。」一語道盡，每個人皆有自我認知意識，只緣身在習氣之中渾然不覺。

總而言之，說到心帶有煩惱習氣，有強烈的認知成分。對於時間有想法、空間有看法，宇宙就是這樣被認識出來。人人身在後天世界，活在慣性思考的經驗模式裡而抽不了身。

欲誠其意者：

想要淡化自我習氣的學人，一定要知道個性之弄人。古人有言：「江山易改，稟性難移。」積習難改之因，在於習慣成自然。也就是說，從小到大累進的慣性行為，塑造出專屬於個人不可憾動的性格。換句話說，我們已經在慣性的思維軌道上無法自拔了。有人問古希臘偉大的思想及哲學家泰利斯：你認為人活在世界上，什麼事情是最困難？答案竟然是：認識自己。認識自己難，認識自己的不足尤其困難。禪宗祖師達摩寶傳有偈曰：「達摩西來一字無，全憑心意用功夫。」講的也不離從心裡面挑出毛病，就在這裡下功夫，反躬自省。說到底，只是對治煩惱習

氣。又佛經中的持戒修善，從基本戒律著手，修到深處，仍然是改善自我個性問題。其實站在心理學角度來看，凡是人，多多少少皆有老問題、老毛病，或大或小而已。由此可知，古有明訓：人貴自知，自知者明。所以人格特質要靠自己察覺實屬不易，幸好有曾子之言直截了當，可以作為修學的借鏡。曰：「吾日三省吾身……。」省字，就學習而言，可當小悟解。平時對上待下要懂得思維自己有無不盡人意之處，是否造成大家負面的感受？這時反過來冷靜思考，我的問題到底出在那裡？發現缺點毛病，就是有悟處了。有悟就有修飾空間，改正就是負責的態度。進而一悟再悟、一改再改。簡言之，學習難得之處在於有對境，身邊周遭交往的對象就是助力。在工作職場上，對人、對事、對物互動之中，發現自己的缺失、不足，便是心得、寶貴經驗。老祖先金科玉律：「毋以惡小而為之，毋以善小而不為。」就在自己是非對錯微細處下功夫，講的真是極其透徹，鞭僻入裡。果然落實修正自己的態度，改正錯誤的觀念、行為。每天抱持著一日有功一日功、一日無功一日空的態度。不消多少時日，長久以來跟自己過意不去的情緒，自然而然化解於無形，整個人不免為之煥然一新。以上所說，就是學習回歸到曾子初衷，續言之：「……為人謀而不忠乎？與朋友交而不信乎？傳不習乎？」最佳註腳。曾子靠著簡單克己省察的功夫，集小悟

終成大澈大悟，成就了一代宗聖。如此藉事練心、借力使力之法，自古以來皆然，鮮有例外。

先致其知：

　　改過遷善必須發揮高度警覺性，俗話說：「解鈴還須繫鈴人。」不得不針對本身紛紛擾擾的煩惱作個了斷，仔細靜觀妄念其之變化。深入分析，念來了、念又去了，絲毫半點也不駐足停頓，可謂抓不到、摸不著、留不住、也揮之不去。就在妄念上上下下之際，若有所思，這一悟非同小可！介於我們產生煩惱念念方寸之地，似乎存在著某種空隙念念才能流通。否則，念不就卡住不動了。如此微不足道的空，的確是念的源頭，稱為念頭、或說心，即是我們的「故空」所在。現在，終於完全想通了，身體上定然有這麼一個微隙孔洞，藏著累積知識經驗的記憶庫，念才能如泉水般汩汩不絕的冒出來，一個念滅了，接著一個念或印象、畫面主動跳出來，正是一再提及習慣成自然的習氣養成、蘊藏、積聚處所。

　　當然啦，這麼個彈丸之地，以我們一個薄地凡夫眼力，要發覺到心的明確位置，確實有其困難度。經過上述分析，應該也足以體會到人人當處真實存在的意義。就是因為有當下這一念的延續，才可以起心動念，盡情發揮思

的、想的空間。譬如科學家利用心研發科技產品提供大家使用、企業家動動腦筋創造出更多的利潤財富、農業人員創新的點子改良農作物分享大眾、文學家苦思靈感泉源發表勵志文章、政治家想出好政策為人民謀福利……等不勝枚舉。可以說，我們人人生活未嘗片刻離開心。唯一遺憾！說到心，都說那是宗教的事，甚至冠以迷信或信仰的行為，不屑一顧。好像完全與我無關，你說奇怪不奇怪？

致知在格物：

我們頭腦想東想西大南地北無邊無際的來源，大抵上已經分析出來，即心念的出處有譜。究竟我們妄念源頭與宇宙萬物有何關連性？根據本經前揭，物有本末之說。得到結論，宇宙萬物是因為有妄念而相對的存在。

申述之：

這時候，必須要有相當理解能力，肯定是領略到幾乎從未察覺的狀況。充分集中精神，目視當下這一念的動、靜、生、滅之間。好像隱隱約約感受到有這麼一點點狹小空間，佛經說，芥子納須彌。須彌，有宇宙天地時光的意味。可知伸縮性極大，可以創造出無限的可能。但是何奈！長久以來，心源頭放縱妄念不斷外求，習氣積聚益形壯大，妄念有習氣作後盾銳不可擋，在兩相糾纏不清的情

況之下，形成堅固妄想、執著居間在作怪。所以心量始終拓不開，容不下人，萬物眾生硬是格格不入，對立的宇宙天地就是因為如此而形成。無怪乎，釋迦牟尼在證道時，說了這句話：眾生皆有如來智慧德相，只因妄想執著而不能證得。

【註】

致知：清楚妄念源頭。格物：格，窮究事情的真相。物，宇宙萬物。

物格而后知至，知至而后意誠，意誠而后心正，心正而后身修，身修而后家齊，家齊而后國治，國治而后天下平。

我們了解，人是身心組合而成。前論，側重在談身。只因我們張開眼睛，看的、聽的、摸的清清楚楚，十分搶眼的現實環境，一點也不含糊，置身其中很容易就忘心了。所以夫子舉身體及其貼切生活環境，由遠而近介紹國、家、身、心、意……等，用意在藉由為道循序漸進的訓練，即積極的作為，培養出來一種心的靈敏度。以下，側重在談心，正式進入心的領域，相對於眼前現狀，那是

無比的微細。夫子尤其運用文字反向邏輯方式，無非在突顯進道應有的心理準備。也證明中華文字是智慧的符號，乃是不爭的事實。此時帶著已經淨化習氣，自有隨順的心，寬大包容的雅量，更有海納百川被動的品味。

物格而后知至：

既然事情真相釐清楚了，宇宙萬物是被我們的妄念將之遠遠劃開。只要將妄念熄滅之後，心源頭就不散亂了，自然有專心注意力升起來。

中述之．

何不在妄念滅了之際，不復起心動念。這時候，眼睛為之一亮，眼前景物瞬間變得清晰許多了。且讓我們集中注意力拭目以觀，當下欣賞花，花顯得格外鮮豔美麗；注視著草，一株株小草變得青蔥翠綠，充滿生命活力；舉頭瞭望山河大地，藍天白雲彷彿在訴衷情，默不作聲的與我對話。一股專注力油然而生，清清楚楚、了了分明，這是本身存在的空空洞洞覺察力，一種境界。一種不同以往奇特的感受，不知從何說起。應驗了，眼睛是靈魂之窗。此時此刻，只覺得天地變得安安靜靜、也乾淨了。

【註】

物：此時已經追溯到後天萬物來源，即妄念也。格：承上，有其另一層涵意，革除殲滅也。后：心源頭。如前揭，知止而后有定。知至：乃是專注力到也。

知至而后意誠：

當本身提起專注力的時候，心源頭習氣就被淡化了。

申述之：

現在不妨再以身試法：專注力之來，妄想遠離了；妄念之多，專心安在哉？如果一天到晚貪嗔痴的個性不斷，注目之情肯定被拋到九霄雲外。若有所悟，我們身上心源頭產生妄念，而專注力的確可以抑制妄念的為患，連帶著習氣也跟著軟化、淡薄了。由此可證：我們身上長久以來存在著兩股勢力互相拉扯不清，彼此互別苗頭、針鋒相對、互為消長，那就是專注力與妄念這回事。得到結論，專注力與妄念是心源頭的同體兩造關係。《三字經》云：「教之道，貴以專。」學習的方法，即是重新拾回專注力的感覺，把精神拿出來。這種清楚的感受力，同樣在佛門也有始覺之說法。

【註】

知至：專注力。意誠：習氣淡化了。

意誠而后心正：

身上習氣淡化了，妄念強而有力的支撐點頓失依靠，所表現出來便是可有可無、不太帶勁。相對的，當處心源頭專注感發揮反觀自照本能，見證到自己當處有清淨眾生透露出來，就此包融不二。乃是專注感化身為眾生，可謂清淨念，即明心見性也，終結與萬物眾生對立狀況。

【註】

心正：心，承上的后，此時指專注感。正，妄念是反方，正方即清淨念。

申述之：

清楚覺知專注感直接面對當處心源頭，所謂是謹小慎微之「故」處，這是內學已經來到最為敏感地帶，極其神經質區域，是謂先、後天世界的分水嶺。專注的感覺既不能太緊，也不能太鬆，一定須取得平衡。提起專注力過當，妄念被壓的喘不過氣，就連同當處心源頭的法身慧命（清淨念）也一併透不出光來；妄念放的太鬆，又妄想紛

飛，我心不安，專注感隨風飄散。舉例說明：

如《佛說四十二章經》第三十四章：「沙門夜誦迦葉佛遺教經，其聲悲緊，思悔欲退。佛問之曰：汝昔在家，曾為何業？對曰：愛彈琴。佛言：弦緩如何？對曰：不鳴矣。弦急如何？對曰：聲絕矣。急緩得中如何？對曰：諸音普矣。佛言：沙門學道亦然。心若調適，道可得矣。於道若暴，暴即身疲。其身者疲，意即生惱。意若生惱，行即退矣。其行既退，罪必加矣。但清淨安樂，道不失矣。」

此之沙門，乃出家修道學習的人。一日夜裡，唸誦迦葉佛遺教經，讀誦之際，聲聲緊湊。因為學習不懂得從煩惱下手，從而模糊了念頭的視線尚且不自知。佛問：你未出家之前，曾為何業？出家人回答：深深的喜歡彈琴。佛問：琴裡的弦鬆了如何？回答說：美妙的琴音彈奏不出來。佛問：弦拉的太緊如何？回答說：琴音高亢尖銳，易於斷裂。佛問：彈奏的弦不鬆不緊適中如何？回答說：所有美好的旋律皆可以普遍彈奏出來。佛說：出家人及凡夫眾生學習從煩惱入門，亦復如是。當安住在不緩不急念念之間，一種本有專注力的感覺可以升起來。若學習於煩惱門打壓妄念操之過急，便會失去微細的感覺，身體一定感到疲憊不堪。色身若出現疲態，煩惱即生懊悔不已。如煩惱不斷，專注力即退轉矣。注意覺察力一經怠惰，妄念更

是如魚得水。但求專心致力於少妄念之餘，久別重逢的清淨喜悅感油然而生，如此專注感覺運用於當處煩惱不攢壓不放縱，可以隨順不疲不倦。

【註】

道可得矣：道，此指門外的專注力。參考前揭，大學之道的詮釋。行即退矣：行，也是專注力。罪必加矣：罪，習氣妄念。如《道德經》第六十二章，有罪以免耶。

就是專注於妄念滅了當際隨順眾生的光臨，幾乎同時在忘我狀態，向上一著目擊到煩惱裡有前所未見的那個！清淨眾生既來之，這是一種本能專注感轉換清淨念，此之一心不二，稱為是一。如此一來，妄念就自討沒趣了，因為兩者互不共存。藏傳教云：妄念體性即法身。也說明同體心源頭有正反兩面事實。正面意境，乃是人生大知，言語的極限，學習上必須跳脫的思維。

心正而后身修

清淨念的出現煩惱蘊習當下就有內觀再來，證實除了從小到大的色身之外，另有真正自己。亦夫子所以借用身修引喻另有其人到來，從今以後啟動了精彩可期的先天不

可思議境界，佛經說：煩惱轉菩提的真諦。

【註】

后：心源頭來到當下。身修：清淨念即隨順內觀。

身修而后家齊

日復一日隨順內觀當前煩惱所在才有人外之人──元神的蹤影。夫子說家齊，一方面告訴世人元神好身未來將會是我們永恆的家，不朽不壞。另一方面也說明元神內觀之際，視眾生如己出，是一不是二，都是一家人，不復再有衝突敵對情形。

【註】

后：心源頭來到當前。家齊：元神，含有不同層次的內觀、觀照。

家齊而后國治

就在元神觀照毫無地層阻隔大方的到來，煩惱所在終於蛻變成新微域。此時此刻，眼前明明白白有宇宙天地的縮影，一種心包太虛狀態。

【註】

后：心源頭來到眼前。國治：新微域，即心包太虛。如前揭，
先治其國，國的詮釋。

國治而后天下平

心包太虛新微域同時與現前元神的完全現身合而為
一，仍然是一切即一、一即一切，正是沒有妄念而元神恆
順眾生的一真平等法界。那就是先天世界、無障無礙，誠
可謂夫子「吾道一以貫之」的內涵。

【註】

后：心源頭即現前元神。天下平：天下，參考經，古之欲明明
德於天下者。平，眾生平等的先天世界。

自天子以至於庶人①，壹是皆以修身為本②。

①從準備進入先天世界明心見性的君子，乃至於後天
世界的凡夫眾生。②一概皆是運用念頭作為養身活命的根
本。

君子憑藉著念頭隨順內學迎接另有其人的到來，說到

其人，即最終元神完美身，非物質色塵分子，一塵不染，沒有老死的憂慮，毫無病痛的問題，得金剛不壞之身，享有自由自在的先天法界。

凡夫眾生與生俱來色身，既是地、水、火、風四大假合的血肉筋脈合軀，也是動用念頭悉心照料，唯恐身子骨受風寒，又暑熱難耐，生老病苦如影隨形，無恙亦一時之倖罷了。人命終時，身亦化為烏有，死了又生、生了又死，就在六道裡頭打滾，永遠沒完沒了。

【註】

①天子：天，天底下，即煩惱所在。如《道德經》第九章，天之道。子，獨一無二清淨念。如《道德經》第五十二章，以知其子。意即改習之後明心見性的君子。另天子在古文裡亦有指後天的君王。庶人：眾生。

②壹是：一概是。皆以：以，《春秋左傳》，能左右之曰以。指念的源頭，能生之意。修身為本：為，先天乃隨順之意，後天指主動的作為。本，煩惱根源，相應經的開頭，物有本末。意思是，先後天的身皆是看煩惱的臉色為之。

於此有感而發，我們在自己的哭聲中來到這個世界，在別人哭聲中離開這個世界，中間酸、甜、苦、澀的過程就叫做人生。當人生下來的那一刻，就已經被判定死刑。

成長的過程，只是一步一步踏入死亡的界限，說來駭人聽聞！卻是誰也無法改變的事實。縱然有人一生活的精彩，或許也有一段可歌可泣的豐功偉業，讓生命發光發熱。畢竟就整個宇宙生命久遠的歷史而論，只是曇花一現而已。一生過後，又要面對一個不可預知的未來。今天，研讀了大學之道，人生不就可以轉個彎，並且可以生活、工作相輔相成，何樂而不為？切記勿讓生命空過，再回首已百年身！

其本亂而末治者否矣[1]，其所厚者薄，而其所薄者厚，未之有也。[2]

　　[1]假使本身妄念控制不了，心猿意馬，煩惱無邊無際，而有新微域元神的存在，絕對沒有這回事啊。[2]現在學習之後方才領會，如果煩惱妄盡還源有元神博大精深的存在，放著不要，而有煩惱無盡的凡身肉體，卻寶貝的不得了，也未嘗有如此之事啊。

【註】
①其本亂而末治者否矣：本、末二字，請參考前揭，物有本末。
②其所厚者薄：厚者，元神博大精深。如《道德經》第三十八

章，是以大丈夫處其厚。其所薄者厚：薄者，相反厚者，指
色身。如《道德經》第三十八章，不居其薄。

傳：九章，則曾子之意而門人記之也。

第一章

解釋大學之道，在明明德。

〈康誥〉曰：克明德。

周朝武王仙逝，嫡長子成王年幼，管叔、蔡叔暗中聯合商朝遺民武庚祿父造反。周公東征三年，平定叛亂，史稱管蔡之亂。此時論功行賞，封康叔於衛國。赴任前，周公作〈康誥〉告誡之。此處須注意一點，曾子引用〈康誥〉中的這句話，旨在告訴世人學習的方向，放諸四海皆準。

〈康誥〉說：

學習內明的人，首先要能夠察覺難纏的煩惱習氣，有過則改，慢慢培養出專注力來，才具備有內學的能力。從中尋求妄念轉成清淨念，找回真實自己。其實就是人人嚮往之「明心見性」必經歷程，絕無僥倖可言。

【註】
克明德：克，指克服習氣。

〈大甲〉曰：顧諟天之明命。

《尚書・大甲》篇句，係商朝開國君主成湯去逝，當時的宰相伊尹繼續輔佐順位君王。其中湯的嫡長孫太甲臨政三年，殘暴不仁，違反湯仁民愛物的遺訓。伊尹屢教不改，不得已，才將太甲流放到湯的葬地桐宮自省。住了三年，經觀察改過自新，於是伊尹將其迎回還政。爾後太甲修養德行，百姓人民安居樂業。大甲，就是出自於伊尹訓勉之辭。

〈大甲〉說：

就是注視著當處煩惱所在，有本具專注感轉過來清淨念的美麗境界，那是內觀的法界，先天世界近在眼前；如果當處生出來的是一己之私，那麼念念肯定皆是刁鑽古怪妄念，唯利是圖，尤其名利、權勢、地位令人趨之若鶩，於是身上感染深重貪瞋痴煩惱習氣。

【註】

顧：還視、注視。諟：正也，當處。天之明命：天，如經，自天子以至於庶人。之，如經，大學之道。明命：明，如經，在明明德。命，所生之意，有先後天之分。

〈帝典〉曰：克明峻德。

《尚書‧堯典》篇句，係稱頌帝堯之德，亦開啟中華道統傳賢不傳子禪讓制度第一人。

〈帝典〉說：

學習就在自我矯正習氣之後，運用本具的專注力突破妄念，親身證得清淨念，啟動明明白白內觀大道，即將可以期待目睹元神博大精深的出現，有心包太虛、量周沙界的新微域世界。

【註】

峻德：峻，大也。意思指無有邊畔的元神先天世界。

皆自明也。

由此觀之，皆是從我們身上毫不以為意的慣性習氣為出發點，重新提起專注力直到轉成內觀有美輪美奐的先天世界。誠所謂：萬變不離其宗。

俗話說：「好自為之！」從今天起，不必羨慕別人的生活，你有自己最獨特的人生。

【註】

自：自己身上慣性行為的煩惱習氣、人格特質……等。

第二章

解釋大學之道，在親民。

〈湯之盤銘〉曰：苟日新，日日新，又日新。

係商朝開國君主成湯，刻在洗澡盆上自我警惕之辭。每天務求洗去身上塵垢，檢索慣性毛病、缺失，進而加以改止，後个再造，可以使人為之神清氣爽、煥然一新。明朝人儒王陽明先生也說：「人過者，自大賢所不免；然不害其卒為大賢者，為其能改也。」俗諺：「知錯能改，善莫大焉。」說明改過自新，古往今來見解一致。

苟日新：

前揭談起煩惱有個「故空」記憶庫所在，是以介爾念念方寸缺口跳出來的念，充其量只是回憶的產物，屬於陳年往事舊習氣。君不見從妄念源頭習性淨化了，由專注感翻轉過來的清淨念，來自於外在一切眾生。瞬間突破煩惱念空當處，前所未有交融成一，忽然之間感覺到嶄新自己，《心經》云：「色不異空。」唯亦非刻板萬物那般硬梆梆的態樣呈現，一種質量結構徹底發生微妙變化。此

時，言語說不上，一切力使不上，僅有隨之順之的份兒。長久以來所面對不可憾動的世界，一夕之間變了樣。大體而言，昔時身上的六根各自不同，今時根根互通無礙。於是內明：以身為主，六根呈現微妙法身，新的身；以口為主，六根呈現默默言語相，新的語；以意念為主，六根呈現清淨念相繼，新的念；其餘眼、耳、鼻……類推之，終究無不是光明無比。此一時，來了新即滅，滅了即生新，新新不住。換言之，只接受新微妙事物而不受後有習氣，是故曰新。

【註】

苟：誠也，習性淨化。日：世事萬物，涵蓋時空一切法。新：清淨念……等。

日日新：

上述苟日新，乃是「色不異空」的清淨念。而日日新呢？《心經》復云：「空不異色」直指內觀。無庸置疑，內觀即是清淨念，清淨念即是天地萬物。就在空與色兩邊不著，不即不離眾生。過些日子，內觀之際發現當前有元神雛形的到來。意即，這麼個博大精深的大空，僅顯露出

來一部分。由此可知,元神的見,如佛語,空性如來藏。因為其乃無形無相,所以不遠離、亦不依附在宇宙天地,才能完全看的明明白白。爾今爾後,日常生活作息之中,懂得運用當前內觀元神隨順天地萬物,內明宇宙來龍去脈正式揭開序幕。這看似銅牆鐵壁牢不可破的天地世界,於焉在改變之中。以前看到的景色都是外在對立的,現在反而成為內在,無不是具有相當親密的關連性。所以說,凡是人皆須愛、要愛人、要博愛、要平等的愛,如本學開宗明義,在親民。每大抽絲剝繭都有新的見地,如此,又怎會沉悶無聊呢?日日是好日子來臨了。再說,每破一分無明,對於宇宙真相即有新鮮的感覺,進入新的領域。

【註】

日日新:日有二,一、承上句的新,指萬物轉為清淨念。二、日,指清淨念相繼,即內觀不息。新:此時進入內觀元神。

又日新:

每天晨昏靠著內觀元神過著轉境的日子,煩惱所在才有隱藏揭開天地真相之新微域日復一日明朗化,新微域呼之欲出伴隨著觀照元神順勢亦步亦趨的呈現。

【註】

又日新：新，這裡指觀照元神。乃是日復一日發生於當前的轉境界，伴隨有觀照元神的出現。

〈康誥〉曰：作新民。

〈康誥〉說：

此時此刻，細數著元神與新微域相輔相成關係，元神看著天地萬物逐漸回到眼前新微域，兩者合而為一。於是一切時中有新微域元神常相左右，活的自由自在，活出生命的價值，多麼有意義的人生。未來日子裡，將不再孤獨寂寞。佛經說：龍天善神護法。

【註】

作新民：新，即新微域元神。民，如經，在親民。

詩曰：周雖舊邦，其命惟新。

《詩經》說：

如是歷經轉境破無明之後，宇宙萬物掉頭重新回到眼前，那是煩惱所在的新微域重見光明。這時候，眼底下一

切人、事、物景象依舊在，唯不可同日而語，已經有心包太虛的影子。而後頭元神乾乾淨淨的大空，一塵不染，精深不可測，真實微乎其微存在。元神的視覺效果，即是靠著新微域的映照，佛經稱之為大圓鏡智。今現前新微域裡頭生生不息眾生，俱皆是元神觀照之下，新新不住光明相，一一光明遍覆三千大千世界，一個有別於小小凡身的新生命終於來臨。

【註】

周雖舊邦：周，商朝時的周國勵精圖治，國勢蒸蒸日上，《詩經》用以比喻我們煩惱經整治之後，可以成為現前新微域心包太虛其中萬物亦生生不息。舊邦，邦，國。指原來煩惱所在天地萬物。其命惟新：命，如第一章，顧諟天之明命。新，指元神。終於印證所有眾生與元神不二，即一切皆是元神光明相。

這裡談到元神完全顯露出來。身為世間人的一份子，總是脫離不了探討的習性。到底所組成色質元素為何？真叫人費疑猜。我認為高明的想法，還是向古人找答案。

請教第一位逍遙古人——《莊子‧逍遙遊》篇：「……之人也，物莫之傷，大浸稽天而不溺，大旱金石流土山焦而不熱。」

大意是：之人也，從我們煩惱念與念之間解脫出來的

元神啊！妄念不能干涉打擾，原本是無憂無惱。大水如天高浸泡著，亦不溺斃。天旱不雨、大地龜裂、裸露在外岩石曬的滾燙，山如火燒焦也不受熱烤。全身通透博大無比，但說非物質色塵分子構成。可知，古人多麼渴望一生能找回元神，享有永恆不朽。

再問，儒家先師孔子曰：「吾有知乎哉？無知也。有，鄙夫問於我，空空如也，我叩其兩端而竭焉。」

大意是：先談吾與我的區別。吾指夫子本人，我是我身煩惱衍生出來人外有人的元神。夫子學問淵博，眾所周知，卻自己以為無知也，絕非客套之辭，實在是夫子證實有先天元神的存在。人人生命真相元神是沒有妄念的，所以無知也。有，指前述有知，即煩惱所在。鄙夫，夫子自謙之辭，意即向自己的內心找答案。煩惱所在轉過來心包太虛本體新微域，是具體而微的空；妄念轉過來元神，也是微乎其微的空，在兩相天衣無縫結合之下，真乃空空的存在。如也，就是隨順萬物眾生。整個詳細情形，乃是大我元神叩其兩端，一種不在空、不在有狀態，也就是不即不離萬物所形成的先天境界。而竭焉，這就是宇宙終極的真諦啊。

三問，近代唐朝惠能大師，如《壇經》云：「菩提本無樹，明鏡亦非台，本來無一物，何處惹塵埃。」

　　大意是：菩提，覺的意思。肇師云：道之極者，稱曰菩提。以大學的角度來看，乃是元神處在覺的狀態。明鏡，明如第一章，皆自明也，有觀照之意。鏡，大圓鏡，即新微域也。毋庸置疑，這種兩相組合的形勢，本來無一物，純粹是完美無瑕疵之身，完全不摻雜一點塵質粒子。

　　由此可見，經請示道、儒、釋三位能人的說法，得到的答案是肯定、並無二致。

是故君子無所不用其極。

　　有先天世界的君子，生命真諦了然於胸。一切時、一切處，一切諸眾生無不是回到現前新微域而不動元神恆順觀照殊勝景象。

　　由上可知，很顯然我們人類見、聞、覺、知的本能並未失去，只是元神以另外一種方式表現。如見聞的同時也有覺、知的感受，但此識已非我們認知的識了。這就是「一」的真諦。

【註】

是故：故，綜合前揭，欲誠其意者及苟日新的論述，乃是人人身上煩惱的念念之間空處，從此劃開先、後天世界的分水嶺。在此指先天世界。君子：明心見性的人，亦有指國家的在位君

主。無所不用：所，如經，知所先後。即新微域無所不包。其
極：妄念轉為元神觀照。如《道德經》第五十九章，莫知其極
可以有國。

關於本章言簡意賅，我們不妨舉個禪宗公案參考。唐
朝青原惟信禪師說：「老僧三十年前未曾參禪時，見山是
山，見水是水。後來親見知識，有箇入處，見山不是山，
見水不是水。而今得箇休歇處，依然見山是山，見水是
水。」

大意是：惟信禪師第一段話告訴我們，學習就在現
前，何勞遠求？第二段，經親近善知識的提點，就在不離
當處見到清淨念，於是讓出自己的煩惱展開轉境過程，也
就是華嚴經所說四十二階級位次論。末段，而今重新又獲
得新微域世界元神永恆安居處所，那紛紛擾擾宇宙萬物又
回到眼底下，即是心包太虛的地平線淨土重回新微域懷
抱，就在現前元神恆順之下展開出來有條不紊新氣象。

第三章

解釋大學之道，在止於至善。

詩云：「邦畿千里，惟民所止。」

《詩經》說：

「天底下眾類族群居住所在，也就是我們身處塵世的居住環境。因為面對深遠景色，才有認識淺近距離。看到高高在上天際，所以分別低下處所。其中河流穿梭山巒疊障，一座座城市有層層阻隔障礙。又有形形色色音聲穿插牽扯，充滿著混亂不安。這個繁華花花世界，萬物眾生浩瀚無際，變化多端。真乃何其大！何其多！總括而說，皆是來自於人之六根有妄想、分別、執著的識心使然。換句話說，我們的眼、耳、鼻、舌、身、意，有妄念在居中主導。一言以蔽之，皆是我們煩惱所在。唯一不變的道理，只要身上煩惱不再搞怪了，就不會跟隨著四方時空起舞，可以各有所分，各安其所。」

舉個例：唐朝惠能大師躲藏獵人隊裡十五年，一日到廣州法性寺，正好遇上印宗法師講涅槃經。這時懸掛的幡旗有風吹動產生搖晃現象，有僧人說是風動使然，另一僧人說是幡動的結果，兩人各持己見，爭論不休。能大師走

向前說，不是風動，也不是幡動，是仁者心動。這段饒富智慧的言語，一針見血說出了源頭重點，整個天地萬物是隨著人心的知見而有所不同。再次說明，自我習氣的可怕。所以古人講「各人各自一片天」。佛經也說：境隨心轉。

【註】

邦畿千里：邦，參考第二章，周雖舊邦。畿，京都所在，喻各式各樣繁華熱鬧。意思是我們煩惱所在的天地萬物。民：眾生，如經，在親民。所，指煩惱所，如經，知所先後。

古代人們交通資訊不足，對於居住所在環境概念有限，是以先人不得不就地取材譬喻。如本節用邦畿千里，乃取國家遼闊京都所在食衣住行的多樣化，來表達人人煩惱所在的宇宙天地豐富無盡。人們看得到、好懂，也較易於理解。而真正所要傳達的意思：眼前空間阻礙已經夠多樣化，再加上過去、未來時間的想像，時空相乘作用，可想而知！這種複雜現象，老祖先說，空間錯了，時間也錯了，在兩方交錯之下。與現代科學研究發現的理論，宇宙不斷在膨脹之中，一直在擴張開來，充滿森羅萬象、無奇不有，有不謀而合的見解。其實站在每個人的角度、觀點來看世界，也是不盡相同。整個宇宙擴大膨脹複雜的程

度，與我們念頭息息相關。如果懂得如經所述：知止而后有定。只要將一方的煩惱管好，就不會受到對方空間環境牽引而翩翩起舞，迷失在天地之間。

詩云：「緡蠻黃鳥，止于丘隅。」子曰：「於止，知其所止，可以人而不如鳥乎！」

《詩經》說：

「叫聲宛轉悅耳的黃鳥，居住林澗山丘一處，安心歇息於天地之角落。」

夫子說：

「生活平靜了，不再得失計較。所謂是心安茅屋穩，性定菜根香。也就是說：心靜了，才能聽見自己的聲音。天地變得安安靜靜，此時身上有一股專注的感覺升起來，那是煩惱的妄想歇了、言語沒了。更可以體會出來，人之所以成為萬物之靈，在於懂得學習巧妙運用本身專注力，將會有意想不到的收穫，這也是人與其它獸類族群最大不同點。而人意往往不知足，不思爭便思求，善思善變不安於室。人怎麼能將天生的優勢喪失，難道人竟然不如鳥！」

【註】

知其所止：知，指專注力。如經，物格而后知至。止，如經，知止而后有定。可以：以，心源頭。可以是專注力或是妄念，此指門外學習的專注力。參考經，壹是皆以修身為本。

詩云：「穆穆文王，於緝熙敬止！」為人君，止於仁；為人臣，止於敬；為人子，止於孝；為人父，止於慈；與國人交，止於信。

《詩經》說：

「對人對事，少言少語，不敢存有太多的心思，深恐言語妄想打亂了本具專注力，真正謹言慎行的周文王啊。終於在煩惱念盡之處證得相續不斷清淨念，打破了時空障礙，明白隨順的真諦。同樣在大家一起共同居住天地裡，文王在自己身上煩惱隨順當下，真心流露出來，的確所見所聞竟是有規律和諧美好新世界。不再存有妄念暇想，可以心安於大學之道！」

當一方諸侯長明白隨順之理，可以心安於推行仁政，恩澤普及百姓，人民莫不受惠；當商朝屬國臣子拿捏隨順恰到好處，可以心安於服從殷王；為公季的兒子知所隨順，可以心安於早晚孝順父母，專心奉事師長；做為武王

的父親知了隨順之可貴，可以心安於慈愛對待兒子；與國家臣民互動交往懂得隨順原則，可以心安於人事上，不用懷疑猜忌。現代人講，不帶有色的眼光看人。

【註】

穆穆：穆，古同默，沉默，或靜思之意。文王：姬姓，名昌，殷商的諸侯長，因兒子姬發推翻殘暴紂王，建立周朝，追封其父為周文王。於緝熙敬止：緝，續，喻證得念念相繼。熙，清淨光明念。敬，隨順。止，如前揭，知其所止。為人君：為，參考經，壹是皆以修身為本。乃先天的隨順，不會產生慈悲惹禍害、方便出下流、姑息養奸……等濫用的後遺症。

詩云：「瞻彼淇澳，菉竹猗猗。①有裴君子，如切如磋，如琢如磨。②瑟兮僩兮，③赫兮喧兮。④有裴君子，終不可諠兮！⑤」如切如磋者，道學也；⑥如琢如磨者，自修也；⑦瑟兮僩兮者，恂栗也；⑧赫兮喧兮者，威儀也；⑨有裴君子，終不可諠兮者，道盛德至善，民之不能忘也。⑩

《詩經》說：

「①看那淇水旁邊河岸地帶，有綠意盎然的竹子林。

因為竹子根莖部既不浸泡於水中，也不完全生長於泥土裡，水土適中，得天獨厚，所以長得出奇的茂盛。此之淇水，喻人的煩惱有川流不息妄念。澳，喻泥土上萬物。菉竹，喻清淨念。②有專心內學君子希望有充沛清淨念，亦復是煩惱不即不離天地萬物。首先在伏住煩惱之際，如同與之和平相處。又察覺到妄念的捉摸不定，就如同感覺到個個來去了不可得。③針對這種專注感加之於念起念落啊、隨順精進不已啊。④就在當際目擊有光明清淨念透露出來啊，正是發生於惱人的妄念滅了那個內觀啊。⑤有清淨念的君子，煩惱所在漸漸將由產生出來的內觀元神作主啊！」

由此可見，內觀元神位於煩惱念空所在，唯有隨順天地眾生，非空非有，不即不離，才能保持豐沛清淨念，展開轉物的行程。亦即呼應菉竹猗猗，須靠水土適中。

【註】

①瞻：臨視。淇澳：淇，淇水，河名。澳，水岸空地。菉竹猗猗：菉竹，綠竹。猗猗，茂盛。

②裴君子：裴，長衣貌。中華典籍往往以衣喻新微域，與佛經之大圓鏡是同一回事。一則取其實境，一則取其照的功能。就學習而言，裴君子有門內門外之分。如切如磋：切，加工骨。磋，加工象牙。如琢如磨：琢，加工玉。磨，加工石。

皆是在談碰觸到煩惱的微細處，所用的功夫。

③瑟兮僩兮：瑟兮，縝密。指念念之間不太明顯處，非有專注力不可。僩兮，猛。指大學之道隨順、精進不已。

④赫兮喧兮：赫，顯也。指清淨念顯露出來。喧，大語。指內觀。如《道德經》第四十一章，大音希聲。

⑤終不可諠兮：終，參考經，事有終始。諠，同「宣」，宣佈。意思是，我們身上煩惱由妄念蛻變為內觀元神境界，是無法言語的。如《道德經》開宗明義，道可道，非常道。馬鳴菩薩亦云，言語道斷，心行處滅。

曾子闡釋：

⑥門外，研讀經教典籍像是小心翼翼的排除旁門左道，亦即謹慎的在字裡行間推敲其真實義，得到的答案，的確是從煩惱門學習也；⑦進一步，面對的是煩惱習氣問題，用堅忍的功夫，關鍵在於抓出性格上的缺陷，就如同耐著性子一再觀察改正身上過失，獲得的結論，正是修正自己錯誤思想行為也；⑧這時才具有專注能力循線妄念的管道，親證有自然流露出來清淨眾生、直接開啟了內觀之門，過著無憂的歲月，進而一步一步看到大地了無寸土，戰戰兢兢如臨深淵也；⑨再進階，當前一一微妙法身、就是隨順的內觀元神，不離日常生活揚眉瞬目、舉手踏步，就在一切行為中轉境界，正是落實王陽明學說的知行合

一；⑩有不退轉的君子，最終煩惱所在轉成現前新微域包太虛現象的元神，乃新微域元神合一至高無上境界。此時此刻，雄壯無比元神恆順無量光新微域世界，猶是萬物不離心想生。一種不即不離世間的狀態，訴說世出、世間一體兩面也。

【註】

⑥道學：參考經，大學之道的詮釋。

⑦自修：參考第一章，皆自明也。

⑧瑟兮僩兮者：此指門內，清淨眾生即是隨順的內觀。恂栗：戒慎恐懼。

⑨威儀：威，大也。儀，象，法也，指微妙法身。不離日常生活點滴儀態行為，就能見到的超乎想像境界。

⑩終不可諠兮者：煩惱所在轉心包太虛新微域，非言語可以宣說。者，元神。道盛德至善：道盛，元神完全彰顯出來。德至善，先天世界。如經，止於至善。民之不能忘：民，如經，在親民。忘，心亡也。意思是一切法從心想生。

詩云：「於戲前王不忘！」君子賢其賢而親其親，小人樂其樂而利其利，此以沒世不忘也。

《詩經》說：

「讚嘆文王之時，千萬不要忽略了煩惱無遠弗屆的力量！」

曾子闡釋：

君子改習之後明白煩惱當處有清淨念是內觀誕生、元神再來。凡夫眾生則利用一直以來的煩惱習氣，那是無止盡的企圖心，才拚出外在一番事業。這是人人煩惱所在當處產生的作用有別：君子身盡有元神接替的先天世界，一切法從心想生，享受永恆無盡；凡夫身亡又繼續帶著煩惱習氣生生世世輪迴無盡也。

【註】

於戲：讚嘆之意。前干：依《詩經》之意，指文王。不忘：如前揭，民之不能忘也。

君子賢其賢而親其親：賢，有二。前指當處習氣淡薄，有專注隨順包容心，明白之謂；後指清淨念。親，參考經，在親民。

小人樂其樂而利其利：小人，相對於博大精深元神，指凡夫眾生。樂有二，前指當處習氣不改、因循苟且，樂此不疲；後指煩惱。利有二，前指妄念，後指世間名利事業。此以：此，人因為有妄念延伸出來天地萬物，皆是我煩惱所在。以，如經，壹是皆以修身為本。請參考《道德經》第二十一章，吾何以知眾甫之狀哉？以此！

第四章

解釋格物致知。

子曰：「聽訟，吾猶人也，必也使無訟乎！」無情者不得盡其辭，大畏民志，[①]此謂知本，此謂知之至也。[②]

夫子曰：

「傾聽百姓人民糾紛案，吾亦如一般人也。惟異於僅僅聽取各自的說詞，就憑經驗之談揣摩想像，遽予下定論。務必明察秋毫，查個水落石出，使之心服口服，再無異議！」

夫子弦外之音在點撥學人，學習不要人云亦云、茫茫然。亦如《論語》曰：「禮云禮云，玉帛云乎哉？」禮的繁文縟節，難道只是注重表面形式而已，講究外在供奉祭品嗎？說真的，貴在親自去實踐體驗證明。

曾子說明：

①學習大學之道精神亦若是，必然是將生命的由來去向，天地宇宙一體兩面關係，全部搞清楚了。我們安心了也升起信心，才會發起遠大志向、開闊胸襟、恢宏氣度。這時候，說服了身上習氣妄念不容懷疑狡辯，據以矯正不

良性格行為，身體力行。再無疑慮，死心塌地以身試法，只要從我身煩惱當中磨合出一股本有專注覺知力，真實拿出精神來。可以運用於現實物質世界裡，生活、工作不疲不厭。意味著提得起精神生活在物質裡，不要在物質裡迷失了精神，才可以和惱人妄念協調相處，然後憑以循線妄念當處轉過來清淨念的內觀世界。

②正是煩惱所在從改造根本個性問題進而發掘出專注力來。正是煩惱所在人人有本能專注感經由心源頭當處會合眾生成為清淨念，乃是通往究竟的宇宙事實真相也。

【註】

①無情者不得盡其辭：情，指身上抓不到、摸不著、留不住、也揮之不去的習氣妄念。所以無情者，是指專注力。不得盡其辭，沒有言語、妄念之意。大畏民志：大，煩惱所在，即現實生活工作裡。如經的開宗明義，大學之道。畏，專注力與妄念之關係。如《道德經》第十五章，猶兮若畏四鄰。志，心之所，內觀。如《道德經》第三章，弱其志。

②此謂知本：本，如經，物有本末。乃是相應上揭，無情者不得盡其辭，指專注力。此謂知之至也：之，心源頭。如第一章，顧諟天之明命。相應上揭，大畏民志，指宇宙人生大知、清淨念。

　　本章曾子論及夫子講授大學之道的途徑，學習方向在於一個知，所謂重點中重點，關鍵中的關鍵，所以獨立出來一章加以闡揚。無非鄭重告訴莘莘學子！我們思緒妄念產生出來的知識，只是記與問而已，畢竟有終時。有一股與生俱來的專注力，在沒有妄念之下也能清清楚楚的覺知，存在有無窮的力量，真正學海無涯。如孟子曰：「人之所不學而能者，其良能也；所不慮而知者，其良知也。」指的就是，這種不用透過思慮也可以有完整的知道，即人人本具良知，專注覺察力、聚精會神也。另王陽明學說主張「致良知」，亦是相同論點。此之學習架構，假使迭經千百世縱然有聖人出，亦無法改變的事實真相。

第五章

解釋誠意。

所謂誠其意者，毋自欺也，如惡惡臭，如好好
色，此之謂自謙，故君子必慎其獨也！①小人閑
居為不善，無所不至，見君子而后厭然，揜其不
善，而著其善。人之視己，如見其肺肝然，則何
益矣！②此謂誠於中，形於外，故君子必慎其獨
也。③曾子曰：「十目所視，十手所指，其嚴乎！
④」富潤屋，德潤身，心廣體胖，故君子必誠其
意。⑤

①所謂想要淡化自我煩惱習氣的學人，不要自己欺騙
自己也。有人認為剔除習氣，就是厭惡妄念如同附在身上
的臭味，而逕行在消滅上用功夫。又有人以為改正習氣，
就是滿懷著好意追求行善立功，博得好名聲。如後梁武帝
向達摩祖師自誇，其造寺四百八十餘座，度十幾萬出家
眾，便是罕見功德。這兩種方式面對煩惱運用在修學的態
度，有所謂落入空裡、或者著重在有，都是十足的自我個
性使然，自我滿足罷了。有先天清淨念君子必然是從提起
專注感在念念之間走入內觀，不在空也不在有，不即不離

眾生是也！

②凡夫眾生平日不懂得在修改習慣上作功課，無所事事，必也貪慾強烈，煩惱無有窮盡。見到君子不受個性羈絆、氣度非凡，而其因為不知道內學之緣故，拿不到訣竅，只會外求、只為揚名，不免做作。於是只有隱藏惡習，而彰顯善行。在別人的眼光裡，絲毫一點也沒變，人格上壞毛病依然如故，如看透其肺肝、摸的清清楚楚，又有何益處！

③正是煩惱所在一旦身上沒有習氣妄念之後，天上天下唯我獨尊新微域元神綻放出來，事實上新微域顯示出來現前一切皆是也。有心包太虛新微域的君子必然有其元神觀照也。

曾子接著說明新微域與元神的關係：

④「元神圓滿的觀照即是新微域映照，元神光明相就是新微域一切眾生造作形象，一一光明盡虛空遍法界啊！」

為什麼會有如此獨一無二的殊勝景象？

⑤心包太虛有豐富無盡萬物，更增添新微域熱熱鬧鬧眾生的氣氛。眼前源源不絕眾生光明，是在後大的無法想像空的元神剎那相續相。也就是說，元神據此才能保持擁有容光煥發的面貌。由此可知，新微域光明相量周沙界，元神微乎其微的存在，也是人的模樣、壯大無比，前後上

下觀來照去光明無盡新微域世界。佛經說：常寂光淨土。

　　總之，有先天世界的君子必然是從妄想、分別、執著
的習氣下手。

【註】

①如惡惡臭：如，指淡化習氣這件事。惡，前指消滅妄念，後
　乃厭惡的妄念。如好好色：好，前指善念之意，後乃行善立
　功。自謙：自，如第一章，皆自明也。謙，足也。故君子必
　慎其獨也：慎，專注力與妄念的關係。獨，內觀，空有兩邊
　不著的境界。

②小人閒居為不善：小人，如第三章，小人樂其樂而利其利。
　而后厭然：后，如經「后」的詮釋。厭，壓也。然，如也，
　隨順。意即煩惱隨順的本能受到壓抑，不會內學。揜其不
　善：揜，同掩。

④誠於中：指新微域元神。如《道德經》第五章，不如守中。
　形於外：指心包太虛涵蓋現前一切皆是。

⑤十目所視：十，代表圓滿，及無數的意思。目，元神觀照。
　所視，煩惱所在新微域表面化，具有映照的功能。參考第三
　章，惟民所止。十手所指：十手，指元神光明相。所指，新
　微域一切呈現出來秩序井然。其嚴乎：嚴，周密，佈滿虛空
　法界之意。

⑥富潤屋：富，心包太虛豐富無盡藏萬物。屋，新微域。德潤

身：德是清淨念、光明相……。身，元神。心廣體胖：新微域元神完美合一。

然而，問題來了。遍一切處、盡虛空遍法界、照十方無邊世界、遍覆三千大千世界……等論調，是何等廣大？以我們人類目前看到的景物，到處是重重隔閡、障礙，根本無法想像。現在馬上要換個腦袋接受這種說法，說真的，還有點為難。不過，經由上述分析，必須在眼前世事萬物回歸心包太虛的先決條件之下，佛經說：「一切諸世界入於一微塵中，世界不積聚，亦復不離散。」所以眼底下已然包括一切所有世界，無有漏網之魚。而且元神也是心，心的一念光明量周沙界，遍覆一切處，無所障礙……之說，不就可以理解了。由此可證，我們人人的心——無遠弗界，是可以成立。

再說，本章曾子描繪的意境：十目所視，十手所指，其嚴乎！亦如佛家，千手千眼觀世音菩薩廣大圓滿無礙大悲心陀羅尼經：「……若我當來。堪能安樂利益一切眾生者。令我即時身生千手千眼具足。發是願已。應時身上千手千眼悉皆具足。十方大地，六種震動。十方千佛，悉放光明。照觸我身，及照十方無邊世界。」

上揭經文對照大學文字潛規則解之：

假使我有祕藏元神大身再來。這個得先本身具備有專注覺察能力善待一切眾生的人。這樣的話，我身上煩惱當處才會立即感召一切光明眾生（清淨念）前來。我的真誠所發現大心，奉行不已。必有我元神廣大身的到來而且具足觀照功能。這時候，我煩惱所在面對的天底下萬物，都在我身六根聞觸之際沒有妄念夾雜。眼前盡皆轉成心包太虛的新微域有無量無邊眾生，眾生有感，也就是一有任何動靜，譬如發聲作響，熱熱鬧鬧……等。現前有我新微域映照成一一光明，皆是反應出來元神觀照的圓滿無邊大光明。這種經中詮釋不謀而合境界，才有佛教的心性論有儒道思想，儒道的心性論有佛教意境，皆是講一體兩面的事實真相。

【註】

若我當來：若，假設語氣。我，承上，很顯然指人人祕藏元神，如佛經，人人皆有個如來藏。堪能安樂：堪能，足以勝任。安樂，如前揭《佛說四十二章經》，但清淨安樂。令我：令，如第八章，其所令反其所好。我，承上，指世間煩惱身。千手千眼：千，代表無數之意。參考上揭，十目所視，十手所指。十方大地：我煩惱所在天地萬物。六種震動：我身六根聞觸之際，當中不帶妄念。十方千佛：對照十方大地，即心包太虛。另外千佛，即佛經，心、佛、眾生，三無差別之意，乃新

微域無量無邊眾生。悉放光明：即新微域眾生一切造作行為。

及照：元神觀照。

第六章

　　本章以下，開頭的所謂與結尾的此謂之說。乃在闡釋從個人煩惱轉變到心包太虛的關係。如經：知所先後，則近道矣。

　　解釋正心修身。

所謂修身在正其心者①，身有所忿懥，則不得其正；②有所恐懼，則不得其正；③有所好樂，則不得其正；④有所憂患，則不得其正。⑤

　　①所謂內學在專注於起心動念之初學習的人：

　　②人人身上受外在刺激牽動煩惱裡忿忿不平情緒，意不定，專注力即亡而不見；③有外來事故引發煩惱裡的恐懼，意不靜，專注力即亡而不見；④有誘因牽引煩惱裡喜好、快樂、亢奮反應，意不安，專注力即亡而不見；⑤有種種不確定因素造成煩惱裡憂慮、患得患失，妄意如潮水，專注力即亡而不見。

　　蓋喜怒哀樂之未發，得先提起專注力，知所回頭。

【註】

①所謂修身在正其心者：所：煩惱所，如經，知所先後。修

身，對應經，欲修其身者，指內學之道。正其心：專注力與
妄念的關係。

②懥：忿怒。

心不在焉，視而不見，聽而不聞，食而不知其味。

總而言之，專注隨順感覺之不在。如目視當下，有妄
念遮蔽，有看沒有到。耳聽之際，有妄念牽扯，有聽沒有
見。飲食之時，有妄念阻擋，囫圇吞棗索然無味。

緣由專注感與妄念不會同時存在。

【註】

心：這裡特指專注感。參考經，意誠而后心正。

此謂修身在正其心。

正是煩惱所在改變了我對於我身認知觀念，除了肉體
凡身之外，尚有展開內觀隨順之旅的再來人，這就是在身
上專注於妄念初動之先，發覺有一拍即合清淨念，專注感
轉而成為清淨念。

【註】

此：煩惱所在。如第三章，此以末世不忘也。修身在正其心：
修身，即內觀。正其心，即專注感轉清淨念。如經，心正而后
身修。

第七章

解釋修身齊家。

所謂齊其家在修其身者：人之其所親愛而辟焉①，之其所賤惡而辟焉②，之其所畏敬而辟焉③，之其所哀矜而辟焉④，之其所敖惰而辟焉⑤。故好而知其惡，惡而知其美者，天下鮮矣！⑥

所謂有健全家庭教育在改其身習的學人：

①人之身上能生煩惱的當處有自私自利嚴重習氣容不下人，所以清淨念不在。②能生煩惱的當處有輕視討厭敵對個性不能包容，所以清淨念不在。③能生煩惱的當處有害怕忌妒崇拜偏差性格不會相容，所以清淨念不在。④能生煩惱的當處有自卑感又有自誇自大意識不知有容，所以清淨念不在。⑤能生煩惱的當處有閑游怠惰習性，正是痴痴的消磨時光妙容遠離，所以清淨念不存在。

因為如此種種人格行為，佛經將之歸類為貪、瞋、痴三毒煩惱，皆是蘊習的業障使然。換句話說，人不就是藏著揹著習氣，障礙了眼前這道善門，無法撥雲見日，內學遙不可及。

⑥眼前當下有隨順內觀才明白無始積聚而來習氣的恐

怖，有妄念置之不理的凡人，卻能說清楚心包太虛的新微域元神，天底下沒有這回事啊！

【註】

①人之其所：之，生也。可參考經，先致其知，有關當處「故空」的深入探討。其所，如第三章，知其所止。親愛：情執。辟：通避，躲避，因為人人的偏差習氣，所以清淨念透不出光來。

③畏敬：畏，指忌妒心。參考第四章，大畏民志。敬，指仰慕之意。

⑤敖：閑游。

⑥故好：故，人人身上蘊藏習氣場所，就在當處。參考第二章，是故君子無所不用其極。好，承上，指內觀，蓋內觀即清淨念。美者：美，新微域。如中華道統禹篇《論語》曰，而致美乎黻冕。者，元神。

　　一段網路流傳，現代人以另一種方式詮釋習氣問題，可提供參考：跟同事爭，你贏了，團隊散了；跟老闆爭，你贏了，工作息了；跟顧客爭，你贏了，顧客走了；跟家人爭，你贏了，親情沒了；跟朋友爭，你贏了，朋友少了；跟愛人爭，你贏了，感情淡了。不管跟誰爭，爭贏了，都是輸。唯有跟自己爭，爭贏了，這才

是真正的贏家。

故諺有之曰：人莫知其子之惡，莫知其苗之碩。

　　老祖先諺語說：

　　人不清楚先天的清淨念退轉成煩惱習氣，什麼事都想的出來，尤其當心中裝滿了學問、金錢、權勢、身分、地位……等價值觀的時候，就活在別人眼光裡、忘了自己，只顧往外爭，驚險的不得了。相對的，也不明白改習之餘有本來專注感的廣容隨順可以成就那博大精深元神。

【註】

其子之惡：子，參考經，自天子以至於庶人。之惡，指心源頭產生的煩惱習氣。如前揭，人之其所親愛而辟焉。其苗之碩：苗，對照其子，指專注感。碩，喻元神。如第五章，心廣體胖。

　　對此，我想不免有些人會好奇，想要繼續瞭解元神的完全現身，是何等高大甚深？莊子逍遙遊篇可提供一點訊息：「摶扶搖而上者九萬里」。九在古文裡，只是個虛數，多的意思。由此可見，指不動元神九萬里，那是真正不可思議的深大呀！又位於何處呢？之前提及，人人皆有個祕

藏元神，即是如來藏。佛經云：如來者，無所從來，亦無所去。也是說明，就近在咫尺、一線之隔而已。

此謂身不修不可以齊其家。

正是煩惱所在可謂身習之不改，平常生活在在處處隨順內觀必然不得其門而入，是不可能召來元神的亮相，意即無法接引元神的初來乍到。

第八章

解釋齊家治國。

所謂治國必先齊其家者，其家不可教而能教人者，無之。①故君子不出家而成教於國②：孝者，所以事君也；③弟者，所以事長也；④慈者，所以使眾也。⑤

①所謂殊勝人生從煩惱門學習，必須先有和諧美滿家庭教育做為基礎的學人。如果家裡沒有孝道根本，必然我行我素，不懂得隨順可貴，父母兄弟姊妹一團亂，視家庭教育於無物，人稱「沒有家教」，身上肯定帶有嚴重人格問題，而有能力學習大學之道，那是不可能的事。這樣的人，每天為個人因素所困擾，天生專注隨順的本質，早已遠之遠矣。

②有內觀君子是不離元神而完成煩惱進化為新微域，其中環環相扣的步驟如下：

③隨順的內觀元神，是煩惱「故空」有容世事萬物的清淨念元神也。因此內觀元神是身負轉動境界使命，並且元神也從念空當處深深往下紮根，慢慢放大，雖說元神畢竟空，卻氣壯山河不動、博大精深、或佛經之須彌山……

等不一而足。可謂有容乃大，真正是微乎其微、綿綿密密的存在。

④觀照元神的作用，是銜命繼續將煩惱所在轉變過來眼前心包太虛的新微域元神也。如初 月芽到十五月圓，需要時間培養出來。

⑤新微域在元神恆順之下無量光無量覺，即是新微域包有人虛萬象，其繁華熱鬧眾生是元神剎那生滅光明相、了不可得也。

【註】

①教人者：教，上所施，下所效也。說穿了，也是煩惱在教自己，教學相長。人，指人外之人的元神。即是學習大學之道的人。無之：能生煩惱當處有濃濃個性問題，相對的專注隨順本能無法生起來。參考第十章，人之其所親愛而僻焉。

②成教於國：國，新微域。如經，家齊而後國治。

③孝者：孝，隨順的內觀。者有二，一指凡身，一指元神。這裡指內觀元神。所以事君：以，念念源頭，能生也。如經，壹是皆以修身為本。事，如經，事有終始。君，元神。如《道德經》第七十章，事有君。

④弟者：弟，順也。指觀照元神。所以事長：長，元神。如《道德經》第十章，長而不宰。

⑤慈者：慈，茲心，即此心。指新微域元神。所以使眾：使，

《說文解字》，速疾之意，指剎那生滅。眾，心包太虛裡萬物眾生。指煩惱所在最後階段新微域包太虛。

〈康誥〉曰「如保赤子」，心誠求之，雖不中不遠矣。未有學養子而后嫁者也！

〈康誥〉說：

「我們當前若要小心翼翼保有隨順的內觀元神不離開。」

必定是在日常想盡辦法，提高警覺在每一件事情上，修改人格上的問題，一步一個腳印兒，然後等待專注於煩惱其中「故空」升起清淨念。有一點須清楚提防，學習路上雖然尚未得亙古以來內觀元神，卻與提起警覺專注力而發現身體內外之間的空，似是而非，可以說性質或有雷同之處，實際上卻大不相同。須繼續努力在遷善上用功夫、加把勁，必定垂手可得矣。沒有學習次第上，先有個內觀元神再去找身上煩惱裡清淨念，這種是前後顛倒事也！

此節，曾子提醒學人：門外專注空與入門內觀元神容易產生混淆，證果亦是清淨念先得，內觀進行一段時間之後，才有內觀元神的到來。且說，專注力是我們本有的看家本領，學習不能沒有祂，但又惟恐錯用了，而墮落空

境。執著在如此小空不得進入堂皇的大殿，無法解開生命的迷底，遑論宇宙由來去向。身陷其中，只是處於無明狀態，就在原地打轉，毫無進展。更不能與殊勝元神大空相提並論，蓋大小懸殊也，不可不小心謹慎為之。否則，平白無故走一遭，僅存一昧伏煩惱的分，浪費了大好時光、精力。到頭來，難免會有時不我予的感慨！

【註】

赤子：子，如第七章，人莫知其子之惡。赤了乃內觀元神。緣由清淨念與內觀是同一回事，再進一步才有內觀元神的出現，所以得之有先後次第。參考《道德經》第五十五章，含德之厚，比於赤子。心誠求之：心誠，乃正其心誠其意。求之，等待當處清淨念。雖不中不遠矣：中，指前之赤子——內觀元神。並參考第五章，此謂誠於中，形於外。未有學養子而后嫁者：養子，呼應前之赤子。而后嫁者，后如經開端的詮釋，所以相對於養子，指煩惱裡的清淨念。此係用世間女子先出嫁後養子的順序，比喻為學次第不可顛倒錯亂。

一家仁，一國興仁；[①]一家讓，一國興讓；[②]一人貪戾，一國作亂；[③]其機如此[④]。此謂一言僨事，一人定國。[⑤]

　　①現前元神破時空的光明相，是心包太虛新微域川流不息的萬物眾生；②現前元神觀照，是心包太虛的新微域具有剎那不住映照功能；③元神一念不覺，妄念復燃，光明相逃之夭夭，新微域頓際了無痕跡退回無明煩惱所在；④宇宙人生真相訣竅，就在於人人當際煩惱所在有改變的契機。

　　⑤這就是我們煩惱所在現前本來有元神恆順光明無窮無盡，因為起疑而成為人身，妄想雜念無邊，相對而來天地宇宙膨脹起來，這種對立的世間萬象，障礙重重。元神觀照之際，眼前無妄念阻隔，恢復心包太虛的新微域清淨光明不斷，一一光明遍滿十方，無所障礙。

　　本節重點在於「一」：其實在我們身體上上下下唯獨當際煩惱，也就是一再提及的「故空」之處，才有可能發生感應眾生混而為一的情形，所謂渾然一體的現象。《道德經》有言：有物混成，先天地生。即是從此門進入先天境界。

【註】

①一家仁：一家，元神。仁，清淨念、光明相……等。如《道德經》第八章，與善仁。

②一家讓：讓，謙、退，即隨順之意。指元神觀照。

③一人貪戾：一人，元神。貪是欲念。戾，至、到達。指元神

一念不覺，妄念起矣。

④其機如此：其，前述宇宙人生真相。機，事物發生的樞紐，
訣竅。

⑤一言僨事：一言，元神無盡光明相。僨，動也，指動妄念。
事，如經，事有終始。一人定國：定國，妄念去了恢復新微
域光明相。

堯舜帥天下以仁，而民從之；①桀紂帥天下以
暴，而民從之。②其所令反其所好，而民不從。③
是故君子有諸己而后求諸人，無諸己而后非諸
人。④所藏乎身不恕，而能喻諸人者，未之有
也。⑤

　　①先王堯舜仁君，治理邦國，領導人民百姓，用的是
寬宏大量仁心，全國人民沐浴在善的氛圍中，一致認定為
惡之可恥，而不敢為也；②夏桀、商紂暴君，領導人民百
姓，用的是窮兇惡極妄心，全國人民籠罩在惡念共業中，
咸認為善無用論，因而暴力橫行人人自危。③同樣的，假
使我們身上煩惱之妄念無限上綱，清淨念離我而去，沒有
包容雅量，天地眾生就不能隨順而來。
　　④有先天內觀的君子其元神視天地眾生如己出，是一

不是二，而煩惱轉變新微域浮上檯面心包太虛指日可待。
沒有了元神的人，無法隨順眾生，而新微域包太虛淨土與
衝突敵對宇宙後天世界背道而馳，遠在天邊。⑤自己身上
煩惱包藏禍心，有濃濃的人性弱點，不懂得寬容隨順之可
貴，而能明白眼前有心包太虛新微域的元神，從來也沒有
這回事也。

【註】

③其所令反其所好：所令，令乃發號，煩惱裡主動作為，即妄
　念。所好，清淨念，煩惱包容雅量。參考第七章，故好而知
　其惡。而民不從：民，如經，在親民。對應上句，指內觀之
　不存，沒有真正隨順本質。

④諸己：內觀元神，蓋內觀與眾生不二，皆是真正自己。佛經
　說法身，以萬法為身。而后求諸人：后，如經，知止而后有
　定。諸人，萬物眾生。亦心包太虛新微域之意。非：相背。

⑤不恕：恕，仁也。不恕則指妄念習氣。

故治國在齊其家。

　　人因念念之間有蘊習的「故空」，可以將眼前煩惱所
在天地萬物轉成新微域包有太虛，變成美麗的地平線，佛

經說淨土。關鍵在於，平時行、住、坐、臥飲食起居有內觀元神相隨。在此，我們就能深刻體會到《愣嚴經》云：「若能轉物，則同如來。」這一句經典話語的涵意。

詩云：「桃之天天，其葉蓁蓁；之子于歸，宜其家人。」宜其家人，而后可以教國人。

《詩經》說：

「桃樹長的壯碩，枝葉必然茂盛而層次分明；喻身上煩惱迎回清淨念，我之內觀元神到來隨順世事萬物如桃葉不紊不亂。」這時候，宇宙天地不再置之度外，倒是如同一家人息息相關。

曾子說明：

因為有身外的元神睜開眼睛，天天轉境看看前所未有新鮮事。而當前煩惱所在開始破天地宇宙無明，如華嚴經之四十二品無明破盡。亦即氣勢磅礴的境轉過程，必須在內觀元神不即不離眾生狀態之下進行。終究一切轉入內在，漸漸演化成心包太虛的新微域元神。

這裡也在傳遞一個重要觀念，不可不知。我們眾生天生的角色，只要張開雙眼，舉凡所見所聞立即被眼前景象拉走，執著在天地裡，也就是著相的意思，這是誰都無法改變的事實。於是每天為情境所散發出來的吸引力影響，

忙得不可開交。但是先天內觀元神從我們「故空」出來，本身是空，萬物是有，在非空非有不著一邊，即我叩其兩端的情況，才能發生無窮微妙變化。《心經》云：是諸法空相。也就是說透過內觀元神隨順的作用，才有能力將現實世界之中，天空、大地、山嶽、河川……等，如銅牆鐵壁般無法搖動的境界，不費吹灰之力，如夢如幻般輕而易舉轉動。這種親身感受到自在的天旋地轉情形，就是快活的轉物不已。畢竟心外無法、法外無心。

【註】

宜其家人：宜，和也，先後天倆相好。家人，元神與世事萬物不二。而后可以教國人：可以，此處指內觀元神。參考第三章，可以人而不如鳥乎。國人，心包太虛新微域元神。如前揭，一人定國。

詩云：「宜兄宜弟。」宜兄宜弟，而后可以教國人。詩云：「其儀不忒，正是四國。」其為父子兄弟足法，而后民法之也。

《詩經》又說：
「元神也是觀照眼底下萬物。」

曾子說明：

就在身旁有元神單獨眼睛相伴，默默觀賞天地萬物由來真相，天天看著煩惱所在演進過程。原來摸不著邊際的宇宙天地，在元神觀照產生離相的作用之下，自然轉動境界，最終竟是濃縮在現前棄暗投明的新微域元神裡。如中華道統舜篇《荀子‧堯問》：天下其在一隅邪！也就是說，宇宙只是在眼前一處，那是真的！

《詩經》再說：

「人之隨順日常行、住、坐、臥點滴行為，無異於眼下並行元神觀照。深入的說，元神是空，觀照就是在眼見、耳聞、鼻嗅、舌嘗、身觸、接觸到的第一個時間點，你就是他、他就是你，一種自他不二完美結合型態，這是另類的內見同時具有覺、知的感受。也就是元神隨順當下，不斷映照的新微域日積月累地把宇宙天地收納進來，就在眼前包有太虛境界，真正難思議。」

曾子說明：

元神恆順一切，也是元神光明相，即是元神觀照，一一光明遍滿法界。就在眼底下心包太虛新微域有不息萬物俱皆元神光明無盡也。此時此刻，無聲勝有聲，個人受用無言之美。

【註】

宜兄宜弟：兄，相對於弟，指元神。弟，如前揭，弟者。其儀不忒：儀，如第三章，威儀也。不忒，無異也。正是四國：正，元神。參考第六章，此謂修身在正其心。四國，元神的觀照與新微域關係。其為父子兄弟足法：為：恆順。父，元神。子，光明相。足法：足，圓滿。法，常，指光明相。——法皆圓滿光明，遍滿法界之意。而后民法之也：后民，心包太虛內萬物。法之，皆是元神圓滿光明，平等的法界。

此謂治國在齊其家。

正是煩惱所在轉變新微域包有太虛萬象，就是無盡的元神觀照。到此，不禁讓人想一想，天底下居然有這般生活型態，簡直是快活的不得了，怎不令人心嚮往之。

關於心包太虛的現象，第二章有談及「周雖舊邦」。再爰引《壇經》對照如下：「善知識！世界虛空，能含萬物色像，日月星宿，山河大地，泉源溪澗，草木叢林，惡人善人，惡法善法，天堂地獄，一切大海，須彌諸山，總在空中，世人性空，亦復如是。」這就是世間的人，只要將心（性空）打開成為新微域，這麼一個豐富無盡藏的地方，美麗的淨土，本自具足。更不用懷疑，《壇經》復

云：天堂只在目前。就在眼底下完美的呈現，即擁有美好
的一切，不亦快哉！

第九章

解釋治國平天下。

所謂平天下在治其國者：上老老而民興孝①，上長長而民興弟②，上恤孤而民不倍③，是以君子有絜矩之道也④。

所謂萬物眾生平等，沒有天地障礙、沒有時空隔閡、光明殊勝無比的元神先天世界，就從發起弘願在工作崗位上無私奉獻，培養恢弘氣度、開闊胸襟、宏觀視野，目的在煩惱門拓開心量着手的學人：

①不再懷疑簡化自我人格特質，發揮專注力功能，注意到妄念滅了當處有隨順眾生昇華上來的清淨念。②專注感化身為穿梭自如清淨眾生就是當下內觀隨順不間斷，然後煩惱所在才有眼下內觀元神挺身而出。③就在現前觀照元神出來見見世面，正是煩惱所在轉變心包太虛的新微域不可思議先天境界。④這是介爾念念之間，君子有容清淨念可以看到有條不紊先天世界也。

此之重點，舉一個眾所周知的例子。譬如銅板的正反兩面，一面是金額數字，另一面是圖案，先後天世界亦是如此。易言之，煩惱所在與心包太虛是一體兩面。佛經亦

說：唯心所現，唯識所變。煩惱即菩提。

【註】

平天下在治其國者：平天下，新微域世界，即先天世界。如經，國治而後天下平。國，這裡指煩惱門。如經，先治其國。

①上：當處心源頭的妄念與專注力關係。老：有二。前指妄念滅了有老舊的習氣，即王陽明傳習錄所提「物欲蔽了」；後乃當處革除習氣才有專注感。民興孝：民。如經，在親民。興，當處所生。孝，如第八章，孝者。

②長長：長，有二。前指清淨念，後乃內觀。參考第八章，所以事長也。弟：如第八章，弟者。

③上恤孤：恤，扶養。孤，觀照元神。參考第五章，故君子必慎其獨也。民不倍：倍，古同背，背棄。指心包太虛新微域，無有眾生例外。

④是以君子有絜矩之道：以，介爾念念之間，當處能生。如經，壹是皆以修身為本。絜，約束。矩，有規律，有條不紊。意思是，從約束妄念發現有條不紊清淨念，內學之道。

所惡於上，毋以使下；①所惡於下，毋以事上；②所惡於前，毋以先後；③所惡於後，毋以從前；④所惡於右，毋以交於左；⑤所惡於左，毋以交於

右：⑥此之謂絜矩之道⑦。

①人人身上煩惱之妄念佔上風主導念空的位子，有強烈慾望，什麼事都想的出來，不要放任不理不睬。②煩惱之妄念是個好事者，有貪著世事萬物嚴重傾向，不要讓其干擾到生活應對進退的專注力。③煩惱之妄念既然來了，不要再放縱跟隨前念沒完沒了，拉不回來。④煩惱之妄念滅了之後，不要一昧壓抑而墮入專注的空境，滿滿慣性種子無法解。⑤煩惱之當處隱私未淨化所以有對立天地眾生，不要因而妨礙了清淨眾生的升起。⑥煩惱所在既然昇華現前新微域包太虛的先天世界，就不要再起疑又還原後天裡世界。⑦這就是煩惱所在當處有大學之道。

【註】

①毋以使下：使，參考第八章，所以使眾也。

③毋以從前：從前，慣性習氣的記憶庫。

⑤所惡於右，毋以交於左：右，世事萬物；左，清淨念。如《道德經》第三十一章，君子居則貴左，用兵則貴右。

詩云：「樂只君子，民之父母。」民之所好好之，民之所惡惡之，此之謂民之父母。

《詩經》說：

「讚嘆有規律節奏光明相先天世界的君子，完全生活在唯樂無苦的和諧氛圍，沒有悲歡離合衝突對立的情境。那是宇宙入地萬物在元神恆順之下回到現前新微域懷裡，一即一切，一切即一。」

曾子說明：

宇宙虛空及其內萬物皆我煩惱所在，只要當際有清淨念，就是內觀的先天法界。又天底下皆我煩惱所在，只要當際妄念不去，肯定身處隔隔不入的後天環境，必須有絜矩之道，將煩惱所在轉化成為光明世界。這就是煩惱所在當處有轉過來光明相的元神，一切皆在我心包太虛之內。

【註】

樂只君子：樂，元神恆順的先天世界。參考第三章，小人樂其樂而利其利。只，單一，指一合相，即光明相。民之父母：父母，父指元神。如第八章，其為父子兄弟足法。母，新微域。參考后的詮釋。即是新微域元神。民之所好好之：民之所，人之六根眼、耳、鼻、舌、身、意皆是夾雜妄念，所謂識別心，是以形成的天地萬物無非我煩惱所在。好，承上，指清淨念。如第八章，其所令反其所好。好之，指內觀之徑。民之所惡惡之：惡，妄念。惡之，除惡務盡。有異於第七章，人莫知其子之惡。

詩云：「節彼南山，維石巖巖，赫赫師尹，民具爾瞻。」有國者不可以不慎，辟則為天下僇矣。

《詩經》說：

「有規律節奏無量光新微域世界是不動元神的相好。新微域元神合一之際高大精深無比，沒有大地的阻隔。元神所以恆順而來剎那生、剎那滅光明相，乃是天地宇宙還原新微域純真純善的眾生，一一成為光明遍滿十方，沒有天的障礙。十方光明眾生，皆共同一元神身」。奇哉！妙哉！不可言喻的境界。佛經說：十方三世佛，共同一法身。

曾子說明：

有新微域心包太虛的人，是不能離開元神觀照的視線，務必小心謹慎。萬一有了情緒方面喜、怒、哀、樂……等習慣性反應，恆順元神急急閃退成為妄念，當下又回到煩惱所在的後天世界。

【註】

節彼南山：節，竹約也，竹節如纏束之狀，比喻有規律節奏清淨光明。彼，先天世界。南山，不動元神，如佛經說須彌山，即妙高山。維石巖巖：維，四方曰維，亦繫也，指新微域。石，不動元神。如《道德經》第三十九章，珞珞如石。巖，同

岩，高貌。赫赫：赫，如第三章，赫兮喧兮。師尹：師，眾
也。尹，誠，正。指宇宙萬物返回新微域，各各返璞歸真。民
具爾瞻：民，承上一句，指光明眾生。具，共置也。爾，本作
爾，滿也。瞻，臨視，往前看，乃元神其觀照的特質。不可以
不慎：慎，如第五章，故君子必慎其獨也。辟則為天下僇：
辟，如第七章，人之其所親愛而辟焉。天下，亦元神亦宇宙萬
物，緣其不二。如經，古之欲明明德於天下者。僇，辱，指妄
念。意思是元神有了妄念，又回到輪迴的後天世界。

　　有關方位之說：如佛經西方淨土、西方極樂世界……
等。而古文裡，如莊子逍遙遊，北冥有魚……海運則將徙
於南冥，則以南、北喻宇宙人生真相。此處，曾子亦以南
山喻生命的本來。其實後天世界有時空問題，所以才有東
西南北的方向感。先天光明相皆是遍滿十方世界，沒有相
對空間的干擾，一點障礙也無。由此可知，古人之所以借
用方向、位置，只是一種權宜方便。學習之初，切不可落
入文字相，為文字所轉，因而錯解真實義。後人不可習焉
不察，用其借義而廢其本義。

詩云：「殷之未喪師，克配上帝；儀監于殷，峻
命不易。」道得眾則得國，失眾則失國。

《詩經》說：

「成湯創建商朝，歷時六百餘年，其間出現多位明君，如武丁……等，得到人民百姓的擁護。主要是，君王施政作為，克服了自己難纏個性問題，暗合人人本來新微域元神包容恆順的要義，符合民意。相反的，看到的是殷紂王滅亡，放縱自己無始以來貪瞋痴傲慢與偏見個性，沒有恢弘氣度、開闊胸襟、宏觀的視野，只有一意孤行，違反天地隨順之準則，一夕之間崩潰。

有鑒於整個殷商王朝的正反案例不遠，要清楚明白，保有包容隨順的心並不容易，關鍵就在於對治自己煩惱習氣，時時檢點自己、反省過失。」

曾子說明：

學習大學之道如治國，得先降服自我人格特質，連帶才有包容專注的眼神。換句話說，就是發現本身具有的良知。是以我們身上煩惱容得天下人，則新微域再現。當失去天地眾生的擁護則妄念風起雲湧，新微域亦頃刻間破滅，消失的無影無蹤。

【註】

克配上帝：克，如第一章，克明德。上，如前揭，上恤孤而民不倍。帝，指獨一無二的美好境界。上帝，即是新微域元神。

儀監于殷：儀，範例，行為模式。監，鑒，古鏡。竣命不易：

峻命，對應克配上帝。參考第一章，克明峻德。

是故君子先慎乎德①。有德此有人②，有人此有土③，有土此有財④，有財此有用⑤。

　　①有先天世界的君子，首先修改主觀意識型態之後，小心翼翼在身上念念之間證得清淨念。②當下有內觀的煩惱所在才會衍生出內觀元神芳蹤。③當前有觀照元神站起來煩惱所在漸漸看到天地萬物回到眼前。④眼底下繁榮昌盛眾生就是心包太虛本體新微域的映照。⑤現前有源源不絕光明的新微域世界就是元神恆順無盡頭。

　　本節正是相應經文：物格而后知至、知至而后意誠、意誠而后心正、心正而后身修、身修而后家齊、家齊而后國治、國治而后天下平。

【註】

①先，如經，先治其國。慎乎德：慎，如第五章，故君子必慎其獨也。德，清淨念、內觀。

②此：茲也，即當下。總結而言，從人人念念之空處，進而煩惱所在，轉心包太虛，到先天世界。人：內觀元神、觀照元神。如第八章，一人定國。

③土：萬物、新微域心包太虛。

④財：心包太虛的新微域映照之下無量光明眾生。

⑤用：元神的恆順。如第二章，故君子無所不用其極。

德者本也，財者末也。①外本內末，爭民施奪。②是故財聚則民散，財散則民聚。③是故言悖而出者，亦悖而入；④貨悖而入者，亦悖而出。⑤

①光明元神是人人妄念源頭也，新微域元神也是不離煩惱所在也。②之所以有外面世界的現象是煩惱所在有妄念作怪，新微域包天包地的淨土瞬間破滅，繼之轉換而來相對的世事萬物存在。這與時下先進科學提出宇宙大爆炸論，不無巧合之處。這樣一來，元神遭妄念趕走，成了有爭有求的凡夫眾生，無量光明藏起來，由煩惱在作主。③原因就是煩惱「故空」有貪瞋痴蘊習不斷則清淨光明眾生渺無蹤影，貪瞋痴妄念滅了則還我內觀來。④是以先天世界常寂光離去之元神，妄念就緊跟而來成了一個有無邊煩惱的凡夫，看到的是矛盾衝突對立的後天世界；⑤宇宙萬物轉為光明先天世界的元神，同樣妄念消失殆盡，無邊煩惱斷。

本節正是相應經的「物有本末」之說。

【註】

①德者本也：德，先天世界的清淨念、光明相。如前揭，是故君子先慎乎德。者，元神。本，如經，物有本末。財者末也：財，有二義，一指心包太虛本體。如前揭，有土此有財。所以財者，指新微域元神。一指煩惱源頭有貪瞋癡蘊習。末，有二，一指心包太虛；一乃煩惱所在，即萬事萬物。

②外本內末：外，外在宇宙天地現象。內，覆也，指心包太虛被覆蓋。爭民施奪：爭民，爭，妄念。指元神成為有爭有求凡人。施奪，施，無量光明，參考《道德經》第五十二章，唯施是畏。指無量光明遭煩惱奪走。

④是故言悖而出者：言，先天清淨念。如第八章，一言僨事。悖，逆也。亦悖而入：亦，大也，指元神。所以亦悖是指妄念，乃凡人也。

⑤貨悖而入者：貨悖，天地萬物轉光明相。

〈康誥〉曰：「惟命不于常！」道善則得之，不善則失之矣。

〈康誥〉說：

「唯獨介爾念念方寸能生，而所生出來的煩惱所在不是一成不變！」

　　老子亦云：「孔德之容，唯道是從。」也就是說，能生之處踏遍天下只有一個，竟是人人身上不缺、個個有份。佛經說：如來能於一極微塵中普現一切差別世界不思議故。佛經的說法，其實就是我們當處孔洞能生心包太虛之意，正是芥子納須彌之說。所以釋師證悟時，不禁感嘆！眾生皆有如來智慧德相，只因妄想執著而不能證得。

　　曾子說明：

　　從你我身上個性習氣進化了，自然就有專注能力在煩惱念起念落妥善運用隨順之法，唯有這一道生命出口，可以證得美麗非凡的先天世界。西方人如是說：上帝是唯一的真神。

　　我們當處如果不懂得照顧好，必定煩惱作主，迷途在後天世界矣。在人道時，身體面貌已然不同，何況淪落到其他物種，有天上飛的、地上走的、水裡游的。放眼望去，千姿百態、爭奇鬥艷，更是千差萬別的形象在世間，即是佛經講六道輪迴的由來。

【註】

惟命不于常：惟，念念之間源頭，能生。命，所生的意思。如第一章，顧諟天之明命。常，清淨念。參考《道德經》第十六章，知常容。道善則得之：道，煩惱門。如經，大學之道。得之，指清淨念的先天世界。如經，慮而後能得。

〈楚書〉曰:「楚國無以為寶,惟善以為寶。」
舅犯曰:「亡人無以為寶,仁親以為寶。」

根據《國語・楚語》記載,春秋時代楚昭王的一段外交對話。大意是:楚昭王派王孫圉出使晉國時,晉國趙簡子問:楚國有一種美玉叫白珩,現在怎麼樣了?王孫圉答道:楚國從來沒有把白珩當作是珍寶,只有對國家做出實質貢獻的人,如觀射父、倚相……等,這樣的大臣才看作是國家之寶。至於眾人口中引以為傲的美玉,只是先王玩物,楚國雖處南蠻,也不會把它當成是國家的寶貝。

曾子引述《楚書》說:

「從來並不認為身外之物金銀財富是寶貝,唯有遵循聖賢教誨,懂得從我身專注於當處的隨順之道,對於生命具有實質上的意義,才可以算是人生中如獲至寶。」

【註】

寶:有二。一指外在珍貴寶物,一乃內在新微域元神先天世界。如《道德經》第六十二章,善人之寶。惟善:心源頭善良的力量,指改過及專注力這回事,乃聖賢內學之道。如前揭,惟命不于常。以為:請參考經,壹是皆以修身為本。

　　春秋時代晉文公，名重耳，據說為公子時，因父親晉獻公聽信繼母驪姬讒言，殺太子申生，致使重耳與弟弟夷吾四處逃亡。在外顛沛流離十九年，當時跟隨在旁的舅犯……等五人，是其最大倚靠。

　　②曾子引述《禮記‧檀弓下》其中舅犯的一段話：

　　「文公當時流亡在外，沒有身分、權勢、地位，甚至於骨肉親情也不在，一身清掛什麼都沒有。曾子意有所指，我們人人將來也會面對生死無常的來臨，屆時一切都將煙消雲散，一無所有。何不及早學習大學之道，回到本來光明元神的先天世界，可以享有萬壽無疆。」

【註】

舅犯：春秋晉文公的舅舅狐偃，字子犯，文公當公子的時候，流亡在外，狐偃跟隨在旁。仁親以為寶：仁，無量光。如第八章，一家仁。親，人外有人的元神。如第三章，君子賢其賢而親其親。

　　〈秦誓〉曰：「若有一个臣，斷斷兮無他技，其心休休焉，其如有容焉。①人之有技，若己有之，人之彥聖，其心好之，不啻若自其口出，寔能容之，以能保我子孫黎民，尚亦有利哉。②人

之有技，媚疾以惡之，人之彥聖，而違之俾不通，寔不能容，以不能保我子孫黎民，亦曰殆哉。③」

《周書・秦誓》：根據歷史資料，這是秦穆公伐鄭國，因為不聽忠臣勸告，執意出兵。結果不出所料，落敗而返，自我悔過的一篇誓詞。亦深切檢討身為一國君主不懂得包容隨順之道的後果，出自於尚書。就內學而言，自有其實質上的意義。

〈秦誓〉說：

①倘若天地之間有一個殊勝隨順之法。斷斷兮，指的就是生生世世累積的倔強個性，已經成為今生今世不自主意識行為，幾乎主導著我們生命中每一個部分，要察覺誠屬困難。也就是說，這股蘊藏為數可觀的微細種子，實在沒有別的偏方捷徑，獨獨靠醒悟的功夫，一悟再悟，進而一改再改，才能將一個個習氣種子看破、不起作用。其心休休焉，講的就是落實改正態度到達一定程度，自然有其高度，就必然具有柔軟的觀察能力，專注到自己的妄念滅了又滅當處，其實也就是追本溯源念頭的出處～妄習的記憶庫啊。其之入門，就在妄念滅了隨處有容眾生成為清淨念啦。

②人人皆有殊勝之法，那是自己本有的內學之道。人

之所說有智慧德行，乃是落實修改個性問題，自然而然試煉出一股專注力來。不是嘴巴光說不練，而是真正做到專注感發揮反觀念空有能力包容眾生。換句話說，是我身當下有內觀隨順煩惱所在的天地萬物，才有希望一線之隔的元神出來恆順眾生。

　　③人之自以為有殊勝之法，認為急功近利外求博取好名聲，就是除去不良習氣。人之所說有智慧德行，卻違背內學的步驟，必然障礙了念念當處，更加不能互通大眾。也就是說，性格一點也沒變，依然故我。這是身上落入專注空不能容，有牢不可破想法、看法阻隔了我煩惱隨順宇宙萬物。我們本來恆順的元神，只有死路一條。

【註】

②　个：《尚書・秦誓》作介，特也。臣：服從，心悅誠服的隨順。

②彥聖：彥，古代指有才學德行之人。聖，品德高尚之人。其心好之：人其當處心源頭善良的一面，指改習與專注力。請參考第七章，人之其所親愛而辟焉，及經，知至而后意誠。不啻：不只。寔：通是，這也，指專注感。我子孫黎民：我煩惱所在天地萬物。尚亦有利哉：尚，希望。亦，元神。參考前揭，亦悖而入。利，參考第三章，小人樂其樂而利其利。

③娼疾以惡之：媢，《尚書‧秦誓》作冒，貪求。惡之：如前揭，民之所惡惡之。而違之俾不通：違之，違背內學之法。俾，益也，更加……。參考第七章，人之其所親愛而僻焉。

唯仁人放流之，迸諸四夷，不與同中國。①此謂唯仁人為能愛人、能惡人。②

①天上天下唯我獨尊的光明元神既然出來了，只有一件快活自在事，那就是恆順萬物產生剎那生滅相續相，一一相好光明，──光明遍滿十方，這不即不離萬物的元神大光明也是心包太虛的無盡眾生。

②這就是煩惱所在唯有睜著睜開眼睛的元神隨順，才有辦法將大地萬物轉換成眼前心包太虛新微域、元神恆順生生不息。

新微域元神能含萬法，萬法盡在心中，那是萬物與我一體。此情，過往、現在同時存在，時間不翼而飛了；此景，舉目所望圓滿十方世界，空間何在?掃盡無始以來無明習氣，這已經是跳脫人類頭腦可以想像的範圍。

【註】

① 仁人：仁，光明相。如第八章，一家仁。人，元神。如前

揭，有人此有土。迸諸四夷：迸，爆開。意思是遍覆一切
處，佛經講遍覆三千大千世界。如第八章，正是四國。不
與同中國：不與，不及。同，不離之意。中國，中乃元
神。如第八章，雖不中不遠矣。

②唯仁人為：為，即內觀、恆順。如經，壹是皆以修身為本。
能愛人：心包太虛新微域。能惡人：元神恆順萬物。

見賢而不能舉，舉而不能先，命也；①見不善而
不能退，退而不能遠，過也。②好人之所惡，惡
人之所好，是謂拂人之性，菑必逮夫身。③是故
君子有大道，必忠信以得之，驕泰以失之。④

①面對世事萬物而不能專心，提起專注力而不能清淨
念先到，這是我們身上煩惱念念之間不能容也；②見到妄
念而不能降伏，伏住而不能轉，這是我們當處長久以來有
習以為常毛病使然也。

③放任我們身上煩惱習性不改，遠離煩惱當處有殊勝
的隨順內學，是謂違反人人其能生清淨念的本質，妄念必
然及身，生老病死不能免，真正是煩惱無邊。

④有先天世界的君子必然擁有大的不可限量新微域元
神，必定是從學習改正傲慢與偏見態度而證悟，也是因放

逸自我個性膨脹而遠之遠矣。

【註】

①賢：世事萬物。如第二章，君子賢其賢而親其親。舉：專注力與妄念一體兩面關係。先：指清淨念。參考經，知所先後。命也：參考前揭，惟命不于常。

②過：煩惱習氣。

③拂人之性：拂，違背。性，這裡指清淨念。菑：災也，指妄念。

④大道：大學之道的究竟——新微域元神。忠信：忠，無私。信，誠也。指習氣淡化了。

生財有大道①，生之者眾②，食之者寡③，為之者疾④，用之者舒⑤，則財恆足矣⑥。仁者以財發身，不仁者以身發財。⑦未有上好仁而下不好義者也，未有好義其事不終者也，未有府庫財非其財者也。⑧

①我們面對煩惱所在有潛藏恆順萬物的元神。②人人身上有生命出口，就在介爾念念的真空，這是元神畢竟空的家，可以生出微妙眾生。③這種色即是空、空即是色、

真空妙有的內觀元神，僅能獨自享受其樂無窮。④隨順的觀照元神剎那生剎那滅了不可得。⑤最終眼前伸展開來心包太虛新微域元神大的無法斗量。⑥即是元神——光明永恆遍滿十方，無障無礙矣。

⑦君子從念念當處親證令人歡欣鼓舞的清淨念，而見到人外有人之元神博大精深的存在。而凡夫眾生利用身上當處的慣性思維建立個人事業版圖，這是最大的不同點。

⑧沒有提起專注的感覺隨順大眾而不喜歡大公無私的人也，沒有喜歡公而忘私其所面對的事務不回到煩惱裡頭元神也，沒有心包太虛新微域而不是一一成為光明元神，享有自由自在也。

本節正是相應經文「事有終始」。

【註】

①生財有大道：生財，綜上所述，財是元神光明相，只因生起妄念而反轉成天地裡眾生。有，承上，指有煩惱凡夫身，即煩惱所在。大道，參考前揭，是故君子有大道。

②生之者眾：生，指心源頭另造關係，專注力。之，如第七章，人之其所親愛而僻焉。眾，微妙眾生。如第八章，所以使眾也。

③食之者寡：指內觀元神。參考第五章，故君子必慎其獨也。

④為之者疾：疾，剎那生滅。

⑤用之者舒：用之者，新微域元神。參考前揭，有財此有用。舒，展開。則財恆足矣：財，參考前揭，有財此有用。足，如第八章，其為父子兄弟足法。

⑧未有上好仁而下不好義者也：上，參考前揭，上老老而民興孝。下，參考前揭，所惡於上，毋以使下。義，《淮南子‧齊俗訓》：為義者，布施而德。即當處煩惱沒有私心妄念左右，大公無私之意。終：如經，事有終始。未有府庫財非其財者也：府庫財，公財，喻心包太虛本體新微域。財，參考上揭，則財恆足矣。者，元神。

　　末後，曾子引用世間人最感興趣的府庫、財、貨，以為妙喻先天景象。無獨有偶，如《佛說阿彌陀經》亦有類似說法：「……極樂國土，七重欄楯、七重羅網、七重行樹、皆是四寶，周匝圍繞。……極樂國土，有七寶池、八功德水、充滿其中，池底純以金沙布地。四邊階道，金、銀、瑠璃、玻瓈合成。上有樓閣亦以金、銀、瑠璃、玻瓈、硨磲、赤珠、瑪瑙而嚴飾之。池中蓮華，大如車輪，青色青光、黃色黃光、赤色赤光、白色白光，微妙香潔。……彼佛國土，常作天樂，黃金為地，晝夜六時，雨天曼陀羅華。……」皆在告訴世人，如是堪稱絕妙好去處，好的不得了。唯是如人飲水、冷暖自知。也是說明，新微域元神受用的先天世界應有盡有，取之不盡、用之不

竭。

〈孟獻子〉曰：「畜馬乘不察於雞豚，伐冰之家不畜牛羊，百乘之家不畜聚斂之臣，與其有聚斂之臣，寧有盜臣。」此謂國不以利為利，以義為利也。

〈孟獻子〉說：

「士大夫要一心一意在公門，不要再去掙飼養雞豬家禽的蠅頭小利。卿大夫要全力以赴奉獻國家，不要再飼養牛羊與牧民爭利。有受封土地人民的公卿王侯，要為眾生謀福利，不養搜刮百姓錢財的官吏。與其有專門搜刮百姓血汗錢的官吏，寧願有偷竊自己財庫的盜臣。」

曾子說明：

正是煩惱所在的人們，不論是在生活、或工作環境裡，只要拿掉一份私心，虛心的待人，隨順眾生之所需。就能從小小念空轉過來大公無私的新微域而元神恆順一切也。換句話說，這麼個狹小空間，卻能創造出無限可能。即佛經說：芥子納須彌。

【註】

畜馬乘：士初試為大夫者，配有馬車。伐冰之家：卿大夫以上喪祭得以用冰塊，代表達官貴族。百乘之家：有采地、有兵馬者。國：指有煩惱凡夫身。如經，先治其國。不以利為利：為，參考經，壹是皆以修身為本。以義為利：義，如前揭，未有上好仁而下不好義者也。利，如前揭，尚亦有利哉。

此段曾子引喻從官之道，秉持公而忘私的精神，亦相應夫子於經所提：古之欲明明德於天下者，先治其國。這裡須注意，古時候能直接造福百姓蒼生，大抵唯有仕途。不似現今時空環境已大有轉變，私人公司行號的性質亦與公門相差無幾，皆是以服務為目的，蓋彼一時此一時也。

長國家而務財用者，必自小人矣。①彼為善之，小人之使為國家，菑害并至。②雖有善者，亦無如之何矣！③此謂國不以利為利，以義為利也。④

①掌理國家而重視眼前利益的君主，必然是個自我意識深重見地粗淺的凡夫啊。②如此這般人從事於隨順的內學，就如同一個俗人的知見，打著隨順人民百姓需要的口號治國，只是一昧聽從短視近利言語，忠臣逆耳的話聽不

進去，災害禍患也跟著到來。③雖然周遭一切充滿著清淨念，這種人習氣沒有獲得改善，有很強烈主觀意識，所以也找不到切入點，不知道應該如何證得啊！

④正是煩惱所在為凡身時，不以貪瞋痴習氣汲汲營營、惶惶不可終日。乃能從蟲洞般念空蛻變成心包太虛的新微域元神，享有恆順無窮也。現今科學家發現宇宙可能來自於小小黑洞之說，或有些許相似之處。

【註】

①必自小人矣：自，如第五章，此之謂自謙。小人，如第五章，小人閑居為不善。

②善之：指內學。

③雖有善者：善者，清淨念。如《道德經》第四十九章，善者吾善之。亦無如之何：亦無，此指凡夫身。如前揭，亦悖而入。

中華道統文化

前言

中華道統文化之說，乃堯、舜、禹、湯、文、武、周公一脈相傳之道。最早濫觴於孟子，其之言曰：「由堯、舜至於湯，由湯至於文王，由文王至於孔子，各五百有餘歲，由孔子而來至於今，百有餘歲，去聖人之世，若此其未遠也，近聖人之居，若此其甚也。」……又云「五百年必有王者興，其間必有名世者。……當今之世，捨我其誰也？」言下之意，隱然以繼承孔子而自居。

迄至唐朝一代文豪韓愈，明確提出道統之說，其原道之一篇：「堯以是傳之舜，舜以是傳之禹，禹以是傳之湯，湯以是傳之文武周公，文武周公傳之孔子，孔子傳之孟軻。」按「以是」如《大學》經，壹是皆以修身為本，其中「以」之意解，乃直指人心，念的源頭，為一脈相傳內明之道的內涵。心心相印，薪火相傳。

到了宋代理學家朱熹，更將韓愈提出的儒道傳授系統，予以定位為道統。朱熹本人亦承認：「堯舜三王周公孔子所傳之道，未嘗一日得行於天地之間也。」意即自謙未得一脈相傳之道。

由此觀之，堯乃開啟中華道統文化第一人。

堯──禪讓天下

堯，伊祁姓，陶唐氏，名放勳，起初被封於陶，後遷徙到唐（今臨汾和襄汾），所以又稱唐堯。相傳堯繼帝位年僅二十一歲，以平陽（今山西臨汾）為都城，是中華民族原始社會末期的部落聯盟長。性格仁慈兼聰慧，年輕有為。當上天下共主，不因此而驕橫傲慢，勤於政事，生活樸素簡單，絕不奢侈浪費。唐堯在位七十年，九十歲禪讓於舜，一一八歲去世。在位時，天下大治，奠立王道政治、傳賢不傳子、天下為公之禪讓政體。

堯繼位之始，人民沒有所謂一年四季春夏秋冬的概念，總是日出而作，日落而息，過著今夕是何夕？歲月不知年的日子。有鑑於此，堯於是命羲仲、羲叔、和仲、和叔等四人，分別居住在東、南、西、北各方。觀察太陽之運行情況，並參考自然現象，以判定四季；依據晝夜的等差，訂出日中為春分、日永為夏至、宵中為秋分、日短為冬至。並且根據觀測所得，定一年為三百六十六天，置閏月用以調整曆法和四季的關係，得以正確刻劃出每年的農忙時節。如此一來，全國百姓春耕、夏耘、秋穫、冬藏有序，不會挨餓受凍，物產自然豐饒。

堯為了治理天下，制定社稷法度，設置敢諫之鼓，傾聽百姓的心聲。據記載，堯舜時已設置類似教育機構雛

形。如在上庠地方，將朝臣中的老者聚集養老；將平民中的老者，養在下庠。他們都是生命閱歷豐富的人，可傳授知識和經驗，古代專門的學校於焉誕生。

　　然而堯雖坐擁帝都，統御萬機，政績斐然。但是對於生命的何去何從？宇宙萬物的來龍去脈？則有所不知，不免有些惆悵。是以念茲在茲，造訪賢哲，乃有莊子逍遙遊篇「堯讓天下」的一段典故。現在且讓我們一起回到從前，共同來欣賞兩位古人之間精彩對話。

堯讓天下於許由，曰：「日月出矣而爝火不息，其於光也，不亦難乎！時雨降矣而猶浸灌，其於澤也，不亦勞乎！夫子立而天下治，而我猶尸之，吾自視缺然。請致天下。」

　　大意是：堯親自登門拜訪許由先生，想讓出天下國家由其治理。「先生，你已經跳脫天地的束縛、日月的障礙，而親自證實有無量光、無量覺的美妙新微域世界（先天世界），是你經由內學克服了妄念習氣而來。現代人講，懂得時空轉換原理，那是何等奇妙的事情。你真正做到了，實在難能可貴啊！你日復一日由淺入深的內明智慧，不受滂沱大雨、洪水澆灌的打擾，永遠如此這般自由自在！夫子於世間印證了有超大清淨法身的存在，這意思

是指突破空間障礙的開始，乃是真正再來人。而我宇宙人生無明情境依然罩頂，吾之內明不足，仍然為個性習氣所苦，無法時時巧妙的隨順眾生。請將帝位讓賢予你。」

【註】

爝火不息：係燦爛光明相，指無量光。光：內學。參考《道德經》第四章，和其光。不亦難乎：難，卻除凶惡也，指改正自己凶惡習氣。澤：我們的煩惱拓展開來，莊子引喻好比一個水澤，可以包容萬物，不受妄念的干擾。不亦勞乎：勞，勤也，內明不中斷。立：大、人也。指在世間印證有清淨法身的存在，即明心見性。參考《道德經》第二十四章，企者不立。天下治：請參考《大學》經，古之欲明明德於天下者。吾自視缺然：自視，內明之道。然，如《大學》第五章，見君子而后厭然。

許由曰：「子治天下，天下既已治也。而我猶代子，吾將為名乎？名者，實之賓也。吾將為賓乎？鷦鷯巢於深林，不過一枝；偃鼠飲河，不過滿腹。歸休乎君，予無所用天下為！庖人雖不治庖，尸祝不越樽俎而代之矣。」

　　許由先生答覆：「汝之治理天下，社稷昇平，國家大治，人民衣食無虞，百姓無不愛戴擁護。我豈有代汝之理，吾將為身分、地位、名望乎？眼前世事萬物回到心包太虛狀態，乃是我們本來身外之人元神過眼雲煙景象，如夢似幻剎那泡影。吾將為了幻乎？許由譬喻，有一種巧婦鳥，在廣大森林裡築巢，只要一支樹枝就夠了，意即居住簡單，能遮風蔽雨就可以了；又說那滾滾江河，田鼠只要取點滴水飲之，亦足以解渴。由此可見，許由先生向堯表達的是一個觀念。我們人人在這個世間真正需要的不多，但是想要的妄念太多。

　　君主請回吧，我的內學法，是以無妄念的煩惱恆順萬物建構而成泱泱微妙先天世界！猶如掌廚師傅不料理祭祀用的酒肉飯菜，而主管宗廟祭祀官也不會放下祭典盛酒肉的器具於不顧，跑去烹煮造飯。」

【註】

名者：指世事萬物原本是心包太虛狀態，新微域也。參考《道德經》第一章，名可名。實：指元神觀照。如《道德經》第三十八章，大丈夫處其實。賓：喻世間萬物只是過客，夢幻一場。如《道德經》第三十二章，萬物將自賓。予無所用天下為：所，如《大學》經，知所先後。天下為：元神恆順先天世界。如《大學》經，壹是皆以修身為本，有關為字注釋。庖

人：現今廚師。尸祝：祭祀官。

許由之所以引用庖人與尸祝的比喻，告訴我們一個事實。不論儒釋道皆一再提及先天世界是建立在後天之上，其之存在著相互牽連因果關係，意味著先有烹飪後有祭拜供品。是以許由亦別有用意告訴堯：我之煩惱所在可以開出美麗先天世界花朵，亦是在後天備嘗人間辛酸苦楚之餘，透過種種心性磨練，終於降服了難以駕馭的妄念習氣，所以我不可能為了名利事業再走回頭路。

不過許由也點出，治國之不易亦如內的微妙世界——皆得成於忍，兩方面可以相輔相成，為堯帝的誠意，指出一條叩門的活路。意即有心者，豈有不成之理，何必放下眼前歷事練心的機會呢？堯以其孜孜不倦的學習精神，皇天不負苦心人，終究有所得。

《論語‧泰伯》子曰：「大哉，堯之為君也！巍巍乎！唯天為大，唯堯則之。蕩蕩乎！民無能名焉。巍巍乎！其有成功也；煥乎，其有文章！」

《論語》夫子曰：「真正偉大呀，堯作為一國之君也！並且戰勝了慾望的念頭，忍人所不能忍，自然孕育出海納百川雅量，堪稱世間大英雄啊！唯有人之當處煩惱所

在可以發展出不可限量大的清淨念，的確非同小可，唯有堯利用本身專注感親自見證這個事實真相。打破硬綁綁頭腦殼的清淨念剎那生剎那滅啊！如此念念光明眾生的美麗境界，實在好到無話可說。亦唯有靠著平日隨順內觀不中斷，才能敲醒煩惱裡沉睡已久之新微域元神出現，好高好大啊！佛經言：煩惱轉大圓鏡，堯終於成功的將之揭露出來；新微域既出心包太虛呈現的是另一面先天世界啊，那是堯本來元神照見諸眾生念念光明景象，即是轉換時空跑道，完全沒有障礙的新微域世界！」

【註】

巍巍乎：巍有二，前乃夫子讚嘆堯能克服妄念之不易，後指我們本來無一物的新微域元神高大。唯天為大：唯，義同惟，指當處心源頭專注力。如《大學》第九章，惟命不于常。天，如《大學》第一章，顧諟天之明命。大，此指內在無限大的清淨念，可以親身受用，有別於前面所提大哉（是外在歌頌偉大的形容詞）。參考《大學》開宗明義，大學之道。唯堯則之：則，連接詞，就、便。之，如《大學》第七章，人之其所親愛而辟焉。意即堯利用本身專注感反觀自照當處證得清淨念。蕩蕩乎：指剎那生滅。民：清淨念，即是光明眾生。如《大學》經，在親民。煥乎：眼前為之煥然一新，意乃心包太虛新微域的景象。文章：文，即諸眾生，世事萬物之意。如《道德經》

第十九章，此三者以為文不足。章，有條不紊。意思是先天光
明景緻有條不紊，沒有障礙。

綜觀堯的一生，《史記》有言：「帝堯者，其仁如
天，其知如神。就之如日，望之如雲。富而不驕，貴而不
舒。黃收純衣，彤車乘白馬。能明訓德，以親九族。九族
既睦，便章百姓。百姓昭明，合和萬國。」司馬遷形容之
貼切，真正是恰如其分。

最後，堯明知內學之可貴，乃是宇宙人生真相。於是
着手教導百姓子孫，使人人心性之美得以留傳下來。這才
開啟堯、舜、禹、湯、文、武、周公一脈相傳之道。

舜——大知大孝

《論語·堯曰》：「咨，爾舜。天之曆數在爾躬，允執其中。四海困窮，天祿永終。」

這是孔子闡述堯禪讓天下予舜的道統傳承。

堯帝：「嘖嘖稱奇，你舜太難得了。我之所以將天下人民囑咐於你，你當知道其中原委。我從你身上的確印證了你擁有不凡的智慧，這是一般人所不及的。證明你心包太虛，有王者氣象，你胸中自有廣納各方的雅量。是你以孝順為出發點，忍人所不能忍，克服了自己的習氣。從最難纏的煩惱問題轉折過來，我不得不讚賞你大智大仁大勇精神。

我們知道從人人煩惱開發出來的新微域大圓鏡智，即是宇宙萬有的本體，本來具足一切。換句話說，舜已經親身將之證實出來，當然宇宙人生真相了然於胸，治理天下利益眾生有何難。又一旦動了妄念，大圓鏡智瞬間痕跡不留，佛經云：一念不覺而有無明，即模糊了真相。所以引申出來的意思，乃堯帝在告誡舜！你定要澈底明瞭治理社稷人民的道理。如果你動了不該有的念頭，那就是私心妄念，必有違百姓之所託。將陷人民於水火之中，乃至於窮

困潦倒而無所依靠，天下又會出現動盪不安的局面，你的食俸亦將永遠告終。」

【註】

咨：表示讚賞，同嘖。天之曆數在爾躬：天之曆數，一年四季春夏秋冬現象，即天地萬物。指心包太虛之意。執：指煩惱。如《道德經》第十四章，執古之道。四海：煩惱其中呈現出來的性體。在古文常常以「四海」作比喻，四有東西南北方四維上下的意思，海乃含藏萬物兼有照的功能。後來漢朝譯佛經如讚經偈云，「紺目澄清四大海」，亦是沿用其意，但佛經中常用「大圓鏡智」比較好懂，大學註解則以「新微域」表示，可參考《大學》第八章，正是四國。天祿永終：天，有兩個含意，一指性體大圓鏡，先天；一指煩惱所在，後天。如《大學》第一章，顧諟天之明命。祿，一指大圓鏡享有無盡的萬象；一指俸祿。意即先天世界消失，後天帝位將不保。

舜，乃五帝之一，名重華，生於姚墟，故姚姓。後遷於嬀水之邊，稱嬀姓，冀州人，都城在蒲阪（今山西永濟）。舜為四部落聯盟首領，受堯的「禪讓」而稱帝於天下，國號有虞，後人以舜簡稱之。

舜的父親瞽叟，聞名知其人，據傳雙目失明，是非不辨，糊裡糊塗。母名提登，生了兩個兒子，舜是次子。據

《竹書紀年》：「生舜時，母見大虹意感而生。」舜年幼喪母，父娶了繼室，生有一子一女。兒子叫象，女兒叫敤首。後母對舜兄弟刻薄以待，經常打罵。時時挑撥其父親為細故責罰，精神倍受虐待，三餐更是不繼。舜的哥哥受不了折磨，因此早逝。是以《史記》有載：「瞽叟愛後妻子，常欲殺舜，舜逃避；及有小過，則受罪。」舜約莫十歲，和其他小孩一起隨修道人務成子習字，其母從中阻撓。在鄰居刻意安排為其放牛的理由之下，才得以繼續學習做人的道理，同時擴而充之天文、地理方面的知識。

舜經歷了飽受磨難的童年，父親的頑固愚昧無知，後母的刁鑽猜忌，同父異母弟弟象的性格狂傲、自私自利。但是舜皆能以孝順為出發點，盡其為人子之道，動之以兄弟和睦之情，上天垂憐逢凶化吉。於此我們不得不一起來探討生命的一套基本公式，究竟是怎麼一回事？眾所皆知，孝順的本質，乃是隨順的意思。因為有孝道的基礎，所以衍生出來忍耐的功夫，進而發展成謙讓的人格特質，才具備有寬闊胸襟、雍容的氣度。如《道德經》有言：「江海所以能為百谷王者，以其善下之，故能為百谷王。」善下之，即廣容隨順的意思。這是世間法將來能否出人頭地的原理，俗話說才有出息的一天；亦是出世間法將來可否成為法器的關鍵。推而致之，如佛家普賢菩薩最後一願——恆順眾生，可謂大孝也！宇宙終極真相。整體

而言，是創造世出世間法雙贏的共同準則。假使歷經後代千百世縱有聖人出，亦無法改變的事實真相。是以先師孔夫子曰：「夫孝，德之本，教之所由生也。」也就是說，一切教育的根本是從這裡開始。其後之人乃說：百善孝為先！真的是放諸四海皆準。

由於家人不容，舜經常被驅趕出門。到了二十歲，獨自離鄉背景，到外地闖蕩。因為從小磨練出來孝順的特質，所以凡事一忍再忍，一讓再讓，於是成就了以下的事蹟：

首先舜在歷山地方開墾荒野，鄉民每每為爭地而大打出手。舜主動將自己開墾出來的肥沃土地，讓給體弱力衰的人，再前往開墾貧瘠荒地。舜讓之又讓的精神起了示範作用，歷山老鄉看在眼裡、感受在心裡，個個爭相仿效，禮讓風氣蔚為流行。四處民眾聞風而至、慕名而來，逐漸形成大聚落。

舜又到雷澤捕魚，亦是處處皆有為漁場利益起衝突。舜把魚多肥美的所在讓出來，到人跡罕至的地方捕魚。如此忍讓的行為，雷澤人感恩在心，彼此不復為私利爭吵，化暴戾為一片祥和之氣，皆大歡喜。

舜又在河濱（永濟縣北部）燒陶，那裡製陶的手藝十分粗劣。舜認真研究並加以改良，製造出來的陶器美觀耐用。當地陶工們都向其請教，舜不僅寬容不藏私，更傾囊

相授。因此河濱的陶器特別精緻，大受歡迎。

　　總之，舜所到之處，一言一行、一舉一動，皆發揮影響力，感召群眾前來聚會形成大的部落。舜不登高而遠，從此盛名遠播，驚動四嶽（四嶽是輔佐堯的臣子）。當時堯帝年事已高，一心訪求治理社稷人才，四嶽一致推薦舜，於是有以下這段典故：

《荀子‧堯問》堯問於舜曰：「我欲致天下，為之奈何？」對曰：「執一無求，行微無怠，忠信無倦，而天下自來。執一如天地，行微如日月，忠誠盛於內，賁於外，形於四海，天下其在一隅邪！夫有何足致也！」

　　大意是，堯問舜：「我要使用念頭當處隨順發展出先天真相，又要動用念頭思維治理好百姓社稷，如何才能同時辦到？」

　　舜的答覆：「先說，後天因地法，因為孝道的落實，凡事懂得包容謙讓的道理，自然有一股與生俱來的專注力升起來。平時勿以善小而不為，勿以惡小而為之，無始以來的個性問題獲得紓解，可以拿出精神來精進不已。對人對事盡心盡力，不為一己之私，自己德行顯露出來，感化眾生。則天下人奔相走告，皆樂意扶老攜幼前來歸附。

再說，先天果地法，學習專注感運用於當處煩惱隨順萬物得清淨念。易言之，一種難以言喻直心專注感轉而成為淨念，如此淨念微妙無邊大即菩提。卻也不離行住坐臥六根接觸六塵當下，小即日常生活待人處事接物用的是直心。即佛經說：直心是道場，直心是淨土。講明的，堯帝一心一意治理好天下事，即是隨順修行。其實工作崗位，就是道場，只是少了一份私心。如《大學》第三章，《詩經》云：「穆穆文王，於緝熙敬止！」為人君，止於仁；為人臣，止於敬……。唯有直心隨順能解除煩惱的大鎖，使得不垢不淨性體新微域打破虛空漸漸透出光來，眼前一切皆是矣，此之宇宙本體包羅天地萬象，意即宇宙天地縮影明明白白在眼前耶！除了此一法足以獲得心包太虛之外，別無他途！」

本段分世間法與出世間法解，所以相同文字有不同的涵意，即有因有果，亦中華文字的奧妙。

【註】

欲：使用念頭。如《大學》經，古之欲明明德於天下者。天下：同《大學》，天下的解釋。為之奈何：為，如《大學》經，壹是皆以修身為本。之，如《大學》第七章，人之其所親愛而辟焉。執一無求：無求，沒有妄念。意即在因地是專注力（感）；果地指內觀。行微：有二，因地，指微細的妄念習氣；

果地,乃清淨念先天微域。如《道德經》第十四章,搏之不得名曰微。日月:日常生活之行。忠信:忠,指於人不二心,信,乃誠也。即無一己之私念,亦奉行不渝。忠信是因地,果地則是忠誠。是以忠誠乃人之性體化暗為明的「新微域」,佛家說「大圓鏡智」。盛於內:指煩惱內裝著性體。賁於外:賁,無色也,此指不垢不淨性體外露彰顯出來。形於四海:參考前揭,四海困窮。亦如《大學》第五章,此謂誠於中,形於外。天下其在一隅邪:天下,此指宇宙天地。其,當也。意即先天真相,宇宙天地當在眼前。夫有何足致也:足,先天心包太虛真相,參考《大學》第八章,其為父子兄弟足法。對應開頭,我欲致天下。

帝堯甚是滿意,將兩個女兒嫁給舜,並給予財物,就近考驗其家庭相處的情形,所謂一室之不治,何以天下國家為;又將九個兒子與舜共處,觀察其在社會上待人處事接物的能力。

堯帝從內外方方面面的考察,舜乃可堪造就之才。於是讓其全面推行五典,即父義、母慈、兄友、弟恭、子孝,建立家庭倫理觀念。這就是從家庭倫理開始,擴大到社會和諧、天下安定的力量。舜奠定了以道德為核心的傳統文化,《史記》載:「天下明德,皆自虞帝始。」再讓舜參與百官之事,總理政務,將百官權責劃分清楚,各司

其職，井然有序。接著又派舜為接待四方諸侯的任務，其談吐中肯得宜，舉止莊重，表現態度不卑不亢，完全合乎禮節。

總之，堯的各項試煉，更增加了舜的治世能力，堯終於決定將帝位禪讓於舜。舜亦是深明內明之道者，難免有富貴於我如浮雲、視名利如草芥的特質，堅辭不受。經堯帝勸導天命不可違之下，舜以天下百姓蒼生為重，於是在文祖廟接受禪讓儀式，由諸侯百官在場見證。

舜乃前往東方泰山齋戒沐浴，舉行封禪儀式。封，人也。如中華神話后羿射日：封豨，乃是心包太虛先大世界，就是祭天。禪就是祭地。亦在南方衡山、西方華山、北方恆山等地行封禪儀式。意思是舜向老天報告，今後社稷的興衰成敗、百姓人民的福祉，皆一概由我負責，並祈求上蒼護佑。

舜為了各項行政工作推展順利，制定官制官規，律定公、侯、伯、子、男等諸侯覲見時所持玉器以資辨別；確立階級制度，並規定各級爵位的官職服飾；明確朝廷和地方諸侯的從屬關係。逐漸改變原始社會部落聯盟組織型態，奠定天下一統的架構。

舜又頒布刑律，訂定一套罰則。據載：「象以典刑，流宥五刑，鞭作官刑，扑以教刑，金作贖刑，眚災肆赦，怙終賊刑。」意即對於一般犯過者，象就是畫圖於其服飾

上，知所羞恥，改過自新；採用流放異地方式，代替割鼻、斷足、刺字、閹割、砍頭，以示寬大；官府的人有罪，鞭打為之；學府不服管教，以戒尺懲罰；不小心犯罪者，罰以贖金；因過失造成損害，視情節予以赦免；有錯不知悔改，必加重處以刑罰。

堯帝崩，舜守喪三年畢，為讓位予堯的長子丹朱而退避到南河之南，由此可證，舜並不戀棧帝位的初衷。然諸侯皆朝覲舜，獄訟者也不找丹朱，謳歌者不謳歌丹朱而謳歌舜。舜曰：天意也！亦即該是承擔的時候了，才又回到都城即天子位，是為舜帝。

《中庸》子曰：「舜其大知也與！舜好問而好察邇言，隱惡而揚善，執其兩端，用其中于民，其斯以為舜乎！」

《中庸》子曰：「舜已經是明白宇宙人生真相的人，稱為明白人！舜對於生命充滿好奇，喜歡追根究底，凡事找答案，好學不倦的人。從觀察遠至天邊萬物，近至貼身的心言物語。感受到外在環境的變遷，是如此捉摸不定，不如反而內學。於是放下疑雲重重而升起廣大願力，一生矢志解決腦海裡存在的生死問題。身內隱藏有分別執著慣性問題，兼而改之，才有本能專注力打掉紛飛的妄想。就

在專注感於妄念兩方周旋不已，終於找到了生命的出口，那就是專注到念念之間有眾生昇華上來的清淨念。於是天地為之起了微妙變化，這世界一直在改變之中。佛經說：若能轉物，則同如來。這就是懂得運用隨順內觀發覺本來新微域元神先天世界的舜啊！」

【註】

邇言：邇，近也。離自身最近心語，即內學。隱惡而揚善：隱惡，指習氣問題。揚善，指專注力。如《大學》第九章，惟善以為寶。執其兩端，執，煩惱。如前揭，允執其中。兩端，專注力（感）與妄念關係。用其中于民：中，參考《大學》第八章，雖不中不遠矣。民，如《大學》經，在親民。專注感轉而成為清淨念，即內觀。其斯以為舜乎：以為，參考《大學》經，壹是皆以修身為本。

《中庸》子曰：「舜其大孝也與！德為聖人，尊為天子，富有四海之內。① 宗廟饗之，子孫保之。② 故大德必得其位，必得其祿，必得其名，必得其壽。③ 故天之生物，必因其材而篤焉。④ 故栽者培之，傾者覆之。⑤《詩》曰：『嘉樂君子，憲憲令德！宜民宜人，受祿於天。保佑命之，自

天申之！』⑥故大德者必受命。⑦」

　　《中庸》子曰：「①舜已懂得恆順天地萬物的道理，生命不變真理稱為大孝！從身上煩惱裡小小的孔穴能容清淨念。而今而後將以戰戰兢兢的內觀隨順來去眾生為主。唯有此徑才可以打開天窗露出新微域的臉龐。新微域是萬有的本體，如讚經偈云：紺目澄清四大海。紺目指新微域具有見的功能；澄清乃是映照的意思；四大海則擁有宇宙萬象，心包太虛。所以新微域的看見即是映照，佛家說大圓鏡智，才得以照見美麗新世界。②新微域既然出現了，元神也必然同時到來，就在眼底下完美結合在一起，呈現一種殊勝狀態。當融入不動元神大身告別這身臭皮囊之際，便是靠著恆順萬物而生生不息。

　　③這種經由身上煩惱念念缺口開發出來的清淨念，乃是廣大無邊際的新世界，如此先天世界裡必得金剛不壞之身，元神大身本來無一物，真真確確的存在；必得元神其心包太虛新微域兼有映照功能；必得照裡無量好相，元神其一一相好光明遍滿十方；必得元神其無量壽。

　　④先天世界元神動了妄念心包太虛新微域退化成為煩惱所在的後天世界，必因產生肉體色身而有其想法、看法形成社會百態，佛家說六道輪迴現象。⑤可知，只要懂得在煩惱的前念滅了之後培養出來清淨念，那就是新世界的

坦途大道了。如果不會內學的人，念念皆是為煩惱所苦，苦海無邊。

　　⑥《詩經》曰：『真正快樂的君子，要在降服自我煩惱習氣，才有本身專注感在念念之中證得穿越時空清淨念！從此煩惱不再有。因為當下清淨念是從天地眾生而來，所以心包太虛新微域是煩惱所在轉過來。先天無量光明相，出自於後天世事萬物所延伸過來！』

　　⑦當前有先天世界的元神必然恆順眾生，這就是一體兩面的宇宙人生真相。」

【註】

①德：煩惱之念。如《大學》經，在明明德。聖人：清淨念，微妙法身，乃真正的自己。參考《大學》第九章，人之彥聖。尊為天子：尊為，恭敬順從，亦破一品無明證一分法身戰戰兢兢的過程。天子，在古文裡有兩種解釋，一指人君以念頭思維治理國家人民，稱之君王；一指當際煩惱所在有源源不絕的清淨眾生。如《大學》經，自天子以至於庶人。意即內觀之徑。富有四海之內：參考前揭，形於四海，亦如《大學》第五章，富潤屋。

②宗廟：古代設廟祭拜老祖先的地方，有其深一層的涵意，指人人生命源頭元神。子孫：喻萬物繁衍不息。如《大學》第九章，以能保我子孫黎民。

③故大德：故，如《大學》第二章，故君子無所不用其極。
位：乃元神之所在。祿：指新微域大圓鏡。參考前揭，天祿
永終。名：指清淨念、光明相。如《道德經》第一章，名的
解釋。

④故天之生物：故天，元神先天世界。參考《大學》第二章，
故君子無所不用其極。生物，參考《大學》第九章，生財有
大道。必因其材而篤焉：材，人之體貌，才能。篤，煩惱堅
固存在。

⑤傾者覆之：傾者，指新微域如四大海，因元神起了妄念應聲
而倒。覆之，先天被妄念遮蓋而消失不見，來了後天世界。
意指內學不明的人，必為煩惱所折磨。

⑥憲憲令德：憲，同顯，改習後專注的感覺彰顯出來。令，如
《大學》第八章，其所令反其所好。德，此指得清淨念。即
學習的步驟，參考《大學》經，意誠而后心正。宜民宜人：
參考《大學》第八章，宜兄宜弟。保佑命之：命之，此處指
先天的命，靠眾生轉光明相供應。如《大學》第一章，顧諟
天之明命。自天申之：自，如《大學》第一章，皆自明也。
申，同伸，延伸。乃是後天世界。

⑦故大德者必受命：者，指元神。受命，恆順眾生。

禹——治平洪水

《論語・堯曰》：……舜亦以命禹。

　　《論語》夫子說：舜亦以心法的傳承禪讓於禹。如大禹謨所述：

　　《尚書・大禹謨》，帝曰：「來，禹！降水儆予，成允成功，惟汝賢。①克勤于邦，克儉于家，不自滿假，惟汝賢。②汝惟不矜，天下莫與汝爭能。汝惟不伐，天下莫與汝爭功。③予懋乃德，嘉乃丕績，天之歷數在汝躬，汝終陟元后。④人心惟危，道心惟微，惟精惟一，允執厥中。⑤無稽之言勿聽，弗詢之謀勿庸。⑥可愛非君？可畏非民？眾非元后，何戴？后非眾，罔與守邦？欽哉！⑦慎乃有位，敬修其可願，四海困窮，天祿永終。⑧惟口出好興戎，朕言不再。⑨」

　　《尚書・大禹謨》記載，舜帝說：「①來，禹啊！天降大水導致百姓流離失所，這是老天對我的警告。你時時反省自己，懂得從一開始就專心致力於工作上，終於培養出大公無私的光明念，又要動用凡念去思維規劃完成治水

大工程，就因為你才德兼備深明一體兩面的先後天世界。
②你一方面克服自我習氣為後天人民的生計安危披星戴
月，一方面又勤奮修己贏得先天如來藏現身，乃是本來的
元神。你親自見證了世事萬物不過是夢幻泡影一場，所以
每日的事照做，一點也不自我滿足，只因你才德兼備得以
兩全其美並行不悖。③唯有你不誇耀傲人的功績，所以天
下沒有人可以否定你治水能力。唯有你從不刻意指責別
人、凡事就事論事，所以天下沒有人可與你爭功較勞。④
我讚嘆你最偉大的是，從煩惱蛻變成功，我嘉許的是，你
治水勞苦功高。你心包太虛，已經是明白心法的再來人
了。

⑤一般人的心念是相當恐怖危險，如洪水猛獸，甚至
連自己都無法控管，更招架不住；而通達內學的人，心念
轉成微妙眾生念，不再為私念糾纏不清；我們唯有提起專
注力從內在見到公而忘私的光明眾生；這才同意煩惱原來
是菩提世界。

此時，舜禪讓的態度十分堅定，深怕好事者雜音干擾
著禹，於是一再提醒：⑥沒有經過查證的流言蜚語不要
聽，沒有經過會商決定的事，不要放在心上自擾之。⑦你
我皆清楚，我們時時刻刻想親近的不就是先天隨順元神
嗎？最怕不也是自己難於控管的妄念嗎？一般人不能體會
真心世界的雍容大度，很難容下別人，如何堪當治理天下

重責大任呢？而且先天心包太虛有無量光明相不也是來自於後天的眾生，基於這點理由，你難道就不能承接帝位一同守護社稷人民嗎？恭敬的受命吧！

⑧謹記，處理天下事懷抱著戒慎恐懼的專注感，就如同念念之間有微乎其微的元神將現。在在處處皆是虔誠恆順天地，就如同新微域光明世界即將到來。一旦動了私心妄念，天下將分崩離析，從此煩惱不已。⑨只是這種有關禪讓敏感話題傳出去，大家又喜歡捕風捉影猜來猜去，造成不必要爭論。言盡於此，我就不再多說了。」

【註】

①成允成功：允，誠也。成允，指突破煩惱的先天一念。成功，指後天的治水大功。惟汝賢：人之內外方面皆有成就。如《大學》第三章，君子賢其賢而親其親。

②克儉於家：克，如《大學》第一章，克明德。家，此非我們後天的家，乃先天的家，是元神。如《大學》經，齊家，是後天的家；家齊，則指先天世界的家。

③假：指世事的虛妄不真。

④懋：盛大，讚嘆……不得了。丕績：指禹治水的功績。天之歷數在汝躬：心包太虛。同舜篇，天之曆數在爾躬。元后：元，開始，源頭，元神也。后，指煩惱顯露出來的新微域。參考《大學》，后的詮釋。

⑤惟精惟一：精，專注力（感）之與內觀。如《道德經》第二
　　十一章，其中有精。一，不二的光明相。如舜篇《荀子·堯
　　問》，執一如天地。

⑦眾非元后：眾，一般眾生。一般眾生失去真心先天世界。可
　　愛非君：君為本來的元神。如《大學》第八章，所以事君
　　也。可畏非民：民對應前畏字則指妄念。參考大學第四章，
　　大畏民志。欽：恭敬。

⑧慎乃有位：慎，參考《大學》第五章，故君子必慎其獨也。
　　位，元神。如舜篇《中庸》子曰，故大德必得其位。敬修其
　　可願：敬修，無功用道隨順之意，內觀之徑。其，指前之有
　　位。可願，先天世界是我們的所願。四海困窮，天祿永終：
　　如舜篇的解釋，指人人本來性體大圓鏡智消失，一生將為煩
　　惱所驅使。

　　禹，姒姓，夏后氏，名文命，後世尊稱為大禹。是黃
帝軒轅氏玄孫，定都於安邑（今山西夏縣）。堯時被封為
夏伯，史稱伯禹、夏禹。

　　禹幼年隨父親鯀遷中原，鯀被堯帝封於崇（今中嶽嵩
山）。當時洪水肆虐，天下洶洶，百姓四處奔散，苦不堪
言。堯問四嶽？一致推薦鯀治理洪患。鯀採用水來土擋的
障水法，也就是說在水邊設置河堤築壩。這種方法就局部
水域而言，或許可行。但就整個天下山川形勢，就顯得小

巫見大巫。總之與水往低處流的特性相違背，水反而得寸進尺越淹越高。經歷九年的整治徒勞無功，洪汛有增無減，於是舜舉用鯀的兒子禹繼續處理水患工作。

禹新婚第四天隨即展開治水之旅，有鑑於父親防水失策、洪水如猛獸，造成人民傷亡無數，其防堵之法不可採。於是親自帶領伯益、後稷等人，跋山涉水、翻山越嶺，實地探勘各地的水形地勢，若干人足跡踏遍今之黃河流域。禹將勘查所得資料重新彙整、籌思對策，釐訂出具體解決方略。他認為，只可順水之性，不可與水爭勢，高者鑿而通之，低者疏而宣之。

當時皋陶為舜帝掌管刑法，令民皆則禹，不如言，刑從之。意即命令白姓人民皆要服從禹的號令，如有不聽從者刑罰及身。禹徵召數以萬計民工，親自率領，餐風露宿，整天泡在泥淖裡，風裡來、雨裡去的疏通河道。從各個支流積水地區，開鑿河道引入黃河主流。以沿岸湖泊調整水位，再將主流出口導入大海。其中禹鑿龍門，被視為史上奇蹟、功垂千古。由於不眠不休辛勤工作，禹手上長滿了老繭，長期泡在泥濘裡，腳指甲脫落。尤有甚者，其間三過家門而不入，為天下黎民公而忘私的精神，更是傳為美談。

經歷十三年整治，成功的開通九座大山、治理九處湖澤、疏通九條河流。是以其父親鯀用圍堵之法，導致水無

法流動、到處淤積，百姓不得不拋棄家園，往高處避難；現在經禹治水之後，水有了宣洩管道，水動了起來，流入大河，再注入大海，其功可比天地。新語道基：「……禹乃決江疏河，通之四瀆，致之於海，大小相引，高下相受，百川順流，各歸其所，然後人民得以去高險，處平土。」意思是：禹乃疏通黃河、淮河、濟河、長江，成功將之導入大海，小水可以流入大河，高往低處流，從此各條河流井然有序、互不侵犯，然後人民得以重返平地生活。治水其間派益分發水稻種子，種植在卑濕地區，穩定糧食來源。又後稷居中調度糧食給鬧饑荒的民眾，各諸侯國感激不盡。人們為表達對禹的感激之情，尊稱為「大禹」，即偉大的禹。

　　從禹身上，我們得到寶貴的啟示。今天之所以還在生死輪迴裡，一個關鍵點無法突破，那就是我們與生俱來自私自利的心，習以為常。甚至將之視為理所當然，所謂自掃門前雪的觀念根深柢固。如何將私心轉變成博愛，古人說的好：「身在公門好修行」。公門不是狹義專指政府機關部門，廣義的解釋，汎指一切公司、企業、行號……等。公指共也，其實就是不論我們上班處所為何？只要拿掉私利的心，一心一意為公眾團體，就是公的具體落實；乃至於在家庭為公婆、先生、小孩、左鄰右舍的付出，皆是公的表現。只能說：工作莫分大小、職業無有貴賤、亦無家

裡家外之別。古諺語云：「人不自私，天誅地滅。」可謂人告別自私的念頭，正大光明念自然孕育而生。天誅是沒有天障；地滅是沒有地礙，先天世界就近在咫尺了！

舜即帝位三十有三載，自知兒子商均不如禹，乃豫薦禹於天。告訴禹：我已年老矣，你年輕有為，自當接替天下大任。禹再三懇辭，力推皋陶，然天命難違。於正月初一，受命于神宗，如舜當年受禪於堯。

時有三苗，經常侵犯始終為亂。堯舜時雖已征討，卻未能徹底根絕，不堪其擾。於是禹乃誓師討伐並昭告天下：眾位軍士，且聽我言，苗氏敗壞倫常道德，上天已降罪於他，所以我才率眾討伐，大家當齊心協力，必能克竟其功。禹亦聽從伯益之言，加諸德行感召，最後三苗不討自來，天下一統。

帝舜薦禹於天十七年後駕崩，禹服喪三年畢，為了把帝位讓給舜的兒子商均，自己躲避到陽城，然天下諸侯都不去朝拜商均而來朝拜禹。禹受命繼天子之位，國號夏，天下諸侯齊集塗山。大禹將各州進獻青銅鑄成九鼎，以一鼎象徵一州，將該州山川形勢、足以代表之珍禽異物刻畫其中。九鼎象徵九州，集中於夏朝都城，顯示大禹乃九州之主，從此天下統一。夏禹之前是部落聯盟社會型態，各部落首領自行產生，各行其事。夏朝建立之後，為了統一政令，穩定社會秩序，推出各項具體作為如下：

一、各州施治：從黃帝到堯時期，所謂天下共主，其實對於各部落沒有強制從屬關係。現在律定九州或稱封國國君，均由夏禹親自任命，接受朝廷的領導。

二、五服貢賦法：分別確定各封國應盡的責任和義務，是一種法律性質的規定。服，服從之意；賦者，規定人民有納稅的義務。禹王還規定，天子帝畿以外五百里的地區叫甸服，再外五百里叫侯服，再外五百里叫綏服，再外五百里叫要服，最外五百里叫荒服。甸、侯、綏三服，進納不同的物品或負擔不同的勞務。要服，不納物服役，只要求接受管教、遵守法制政令。荒服，尊重其風土民情管理，不強制推行中朝政教，維持從屬關係。

三、統一曆法：頒布夏曆，依北斗七星旋轉的斗柄所指方位認月份，從事農業播種生產，每三年加一閏月，也叫閏年，夏曆基本上沿用至今。

四、築城設壕：古代的城就是國，夏的城郭已有一定的規模，城門、閭巷、房舍，皆有相當的排列布局。

五、制定禹刑：據載，夏朝的法律制度主要為刑法和軍法，據述刑法有三千條。

我們知道堯、舜、禹在中華道統文化扮演著承先啟後的角色，但是在三人背後更有一位不可多得的幕後推手，他的名字就叫皋陶，後人將其與三位帝王並稱上古四聖，可見其有不可忽視之功勞。皋陶是堯舜時掌管刑法的理

官，以正直聞名天下。當時尚屬部落生活型態，人們的生活彼此相互對待行為，孰樣是對、孰樣是錯？還搞不清楚狀況。是以皋陶對於犯罪者，先曉之以理，不聽教化，再繩之以法。有一流傳，皋陶造獄，劃地為牢，後來人們奉為獄神。助舜推行五刑五教，社會和諧，天下大治。《論語》曰：「……舜有天下，選於眾，舉皋陶，不仁者遠矣！」意思是，舜帝舉皋陶為刑官，人民從此了解是非善惡的道理，所以去惡從善。大禹時總攬政務，提倡九德：寬而粟，柔而立，愿而恭，亂而敬，擾而毅，直而溫，簡而廉，剛而塞，疆而義。九德故名思義，在古文裡，九泛指多數，代表無量之意。德字，就學習以來已有的概念是指念頭，我們念頭真有大公無私的光明世界，這是呼應堯、舜一再提及將內學落實到百姓人民身上。告訴大家生命不是只有單一直線，非生老病死不可，更有一條具體可行的美麗出口。禹一度推舉皋陶為禪讓王位的繼承人，後因年歲已高，不久即辭世，歷史上被喻為聖臣。

禹亦比照堯、舜將帝位再禪讓於益，禹過世，益守喪三年，仍將帝位謙讓禹的兒子啟，自己往箕山之南躲避。據載：由於益的治世能力不足，加之啟的賢能，天下人心歸服。諸侯皆朝啟，曰：「吾君帝禹之子也」。啟繼承天子之位，開啟中國君王世襲制度，夏朝走過歷史四百餘年。

《論語》子曰：「禹，吾無間然矣。菲飲食，而致孝乎鬼神；惡衣服，而致美乎黻冕；卑宮室，而盡力乎溝洫；禹，吾無間然矣。」

《論語》夫子說：「大禹，我無可挑剔了。吃的是粗茶淡飯，只在乎從身上提起專注力於生活、工作細節裡，加之寬容於人情事物上，終於證得造成煩惱之念頭處有隨順於公的真理；穿著只求保暖，却得先天微域美麗景緻；有本來恆順的不動元神，却仍盡力於水渠河道的整治工作；大禹，在其身上有完美的天人合一，我實在無話可說了。」

【註】

致孝乎鬼神：致，盡力，得專注力也。孝，隨順。如舜篇的釋義。鬼神，鬼乃念頭所產生出來的妄念；乃是人的煩惱，因其可通先天世界，稱之神也。如《道德經》第六十章，其鬼不神。意即，禹是懂得運用煩惱隨順一切，明心見性之人。而致美乎黻冕：美，參考《大學》第七章，惡而知其美者。黻冕，古代一種祭服，喻先天微域。對此，《道德經》有兩章特別提到衣飾作同樣的比喻，如第三十四章，衣養萬物而不為主；第七十章，是以聖人被褐懷玉。卑宮室：卑，隨順之意。如《易經》云：謙謙君子，卑以自牧。宮室，這裡不是指大禹居住的

皇宮，乃《說文解字》，宮即室也；又《康熙字典》，宮，穹也，即無限大。比喻元神之高大不可測，唯恆順無盡萬物。參考《大學》第五章，富潤屋的詮釋。舜篇《中庸》子曰，宗廟饗之。

湯──好知好問

　　至聖先師孔夫子談及道統之一脈相傳，乃上古時代堯、舜、禹皆是印證了心法相傳而承襲帝位。而後歷經近五百年迄至湯王的出現，其中禪讓方式並無銜接下來。也就是說，沒有前者給予受命。所以湯只好自己說了堯、舜相傳的心法，期盼內學源遠流長，勿令中斷。

　　《論語・堯曰》：……曰：「予小子履，敢用玄牡，敢昭告于皇皇后帝。①有罪不敢赦，帝臣不蔽，簡在帝心。②朕躬有罪，無以萬方；萬方有罪，罪在朕躬③。」

　　《論語・堯曰》篇記載，湯說：「①在下我是後輩小名履，見證往古一脈相傳的心法。從改革我一身習氣着手，兼而有之專注力，繼之突破煩惱門逕自內觀到有清淨眾生，進一步展開來有心包太虛新微域而元神觀照先天世界。

　　②這條內學法整個關鍵點，在於妄念不能打壓太緊，也不可以放的太鬆，過與不及專注隨順的眼力就會失去準頭。換言之，從身上小心翼翼地透過觀察到妄念源頭有清淨眾生出來，於是妄念不再有，取而代之內觀發揮了作

用。亦是佛家四弘誓願之煩惱無盡誓願斷，徹底釜底抽薪的辦法。終日有內觀元神陪伴的隨順轉境之行，久而久之，我面對煩惱所在轉心包太虛新微域出現，不再受到妄念的遮掩。那即是顯露出來我心深處本來無一物元神的一只眼，這只眼睛大如圓鏡——具有觀照的功能。等於說，元神即是我心，我心即是眾生。這種情形之下，妄念已經不知是何物了！

③如果我身上有些微的妄念，新微域就無法含容天地萬物、心包太虛；之所以看見世間萬象有是非對立，這是妄念在我身上擋住了元神觀照視線的結果。」

【註】

①小子：有得道見性之意，兼自謙也。參考《大學》經，自天子以至於庶人。敢：以勇猛精進的決心改革習氣，兼而有之專注力，以敢稱之。如《道德經》第七十三章，勇於敢則殺。玄牝：玄，內觀。如《道德經》第一章，此兩者同出而異名，同謂之玄。牝，萬物眾生。如《道德經》第五十五章，未知牝牡之合而朘作。敢昭告：指當處妄念揭開來。皇皇后帝：皇皇，皇，大也；一指元神是大的無法想像的空，一指具有觀照的功能。后帝，后，指新微域。如《大學》經，國治而后天下平。帝，亦元神亦光明眾生，即是觀照也。

②有罪不敢赦：罪，妄念。如《道德經》第六十二章，有罪以
　免耶。不敢赦，赦，放免也。乃學習上專注感與妄念的恰當
　運用。請參考《大學》經，意誠而后心正。帝臣不蔽：帝
　臣，內觀元神。不蔽，心包太虛新微域顯現。簡在帝心：
　簡，這是指世間物質上精簡到極致，也就是說一切色塵分析
　到最後乃無一物，當然也包括精神上毫無妄念在內，是元神
　的特質。

③萬方：心包太虛。

　　商朝早期的歷史，亦如夏朝之前一般，有賴於《尚
書》、《史記》……等後代典籍記載，可以略知一二，其中
缺乏當時具體佐證資料。但是殷墟遺址的發掘，特別是甲
骨文的出土，使得商代的歷史有跡可循。所以商朝被視為
中國信史的開端，也就是說，有直接證據可以證明、可以
相信的歷史，甲骨文也成為最早文獻紀錄。在殷墟遺址，
發現有殷商的宮殿、陵墓、作坊、殉坑，以及為數可觀的
青銅器、陶器、石器、玉器。另外甲骨文的刻辭，記載有
祭祀、天時、年成、戰爭、農事、狩獵……等。從這些挖
掘出來的文物，可以看到當時社會生活既豐富又精彩，呈
現出多采多姿的風貌。

　　湯，商朝開國君主，是儒家推崇上古聖王之一。子
姓，名履，今人稱商湯，又稱成湯、武湯、天乙、成唐。

任賢臣仲虺、伊尹為左右相，以亳（有一說是今河南商丘附近）為根據地，積極治國。湯為人仁德，據《史記》載：一日外出，看見郊野百姓四面張網狩獵，莫不期盼四面八方鳥獸盡陷入我羅網。湯獲悉心有不忍，認為有違上天好生之德。乃教民網開三面，僅留一面，鳥獸想往左邊、或是右方皆有路可逃，惟有沒命的進入羅網，讓捕獵的人亦升起憐憫之心。諸侯聞之，不免感嘆湯之仁慈愛物，禽鳥獸類亦受其恩澤。

話說，夏朝歷經四百餘年傳至桀時，荒淫無道，敗壞了德業，最後搞得眾叛親離、天怒人怨。而商湯原是夏朝統治的諸侯國之一，由於實行仁政，又得賢相伊尹輔佐，國勢日漸強大，為一方諸侯長，有權征討臨近諸侯。據載當時葛伯不祭祀鬼神，不尊敬老祖先的意思，成湯首先伐之。之後湯經歷大小戰役，最後有昆吾氏諸侯作亂，於是湯再舉兵伐昆吾，並有伊尹相隨。又《史記》有載，湯弭平昆吾之後，見夏桀大逆不道，湯誓昭告天下：不是我好戰，因為夏桀有很多的罪行，天命我去征伐……現在我必須討伐，希望你們和我一起奉行天命。湯在伊尹輔佐之下，於鳴條一戰擊潰夏軍，夏桀逃亡而死於南巢，夏朝因此滅亡。

談及湯在夏朝末期，能夠在各諸侯中舉足輕重，扮演關鍵角色，最後終結夏的王朝，其中必有緣故。就是任賢

舉能，《論語》：「……湯有天下，選於眾，舉伊尹，不仁者遠矣。」伊尹名摯，小名阿衡，奴隸出身，因其母親居伊水之上，以伊為氏，尹是右相之意。傳說父親是個屠夫又善於烹調的廚師，母親是居於伊水之上採桑養蠶女奴。伊尹從小在父親那兒耳濡目染有精湛的廚藝，加以聰穎好學。及長，雖在有莘國郊野耕耘種地，但卻樂於堯舜之道。有烹調才能，又深諳治國韜略，遠近聞名。商湯求才若渴，三番兩次準備玉、帛、馬等前往禮請。是以春秋戰國墨子有一段話，關於湯之往見伊尹經過。大意是：商湯驅車見伊尹，由彭氏的兒子駕車。半途中，彭氏之子好奇的問：「您今天欲往何處？欲見何人？」湯慎重的答道：「我將去見伊尹。」彭氏之子隨口說：「伊尹是天下賤人也。」意即，只是一個奴隸，身分卑微，何勞親自前往？如果非見不可，只消下令召見即可。對於伊尹本人來說，已經是莫大恩惠了。湯說：這不是你能理解的。譬如有一種藥服用之後，可以使人耳朵變的靈敏，眼睛看的明亮，那麼我必然十分歡喜。現在伊尹對於我國就好比這帖湯藥，服之立即見效。而你卻不讓我見伊尹，這不是表明你不想讓我變的耳聰目明，不想讓我們的國家明天會更好。於是叫彭氏之子下車，不再讓他繼續駕車。眾所皆知，封建制度下的奴隸是屬於主人財產的一部分。湯要人，有莘王並不肯放人。於是湯只好娶有莘王的女兒為妃，阿衡便

以陪嫁奴隸身分跟了過去，獲得湯的賞識。孔子曰：
「……伊尹，有莘氏勝臣也，負鼎俎調五味而佐天子，則
其遇成湯也。」勝，指古代隨嫁的侍者，鼎俎是割烹的用
具。意思是伊尹身分卑微，帶著鍋碗瓢盆隨嫁過去，調出
天下美味，打動湯的味蕾，兩相交談之下甚歡，如《道德
經》言：治大國，若烹小鮮。湯因此委以重任，伊尹得以
施展抱負，成為商朝開國初期的靈魂人物。

　　伊尹以一介奴隸出身，得到傳承的心法，為後人尊稱
元聖。《壇經》五祖亦指著惠能說：「汝是嶺南人，又是獦
獠，若為堪作佛？」意即，你是出生嶺南，又是蠻人，如
此卑賤身分怎能作佛。惠能言：「人雖有南北，佛性本無
南北；獦獠身與和尚不同，佛性有何差別？」意即，人雖
有高下尊卑之分，心那有不同。如釋迦牟尼佛在菩提樹下
證道時有感而發……奇哉！眾生皆有如來智慧德相，只因
妄想執著而不能證得。所以我們可以篤定的講，只要肯
學，又有古聖先賢的典籍在引導，人生的一大事因緣何愁
不成？

　　商湯過逝，伊尹繼續輔佐順位的幾位君王，直至湯的
嫡長孫太甲繼位。太甲臨政三年之後，殘暴自私，違背湯
王的仁政，敗壞了德業。因此，伊尹將太甲流放到湯的葬
地桐宮自省，伊尹代行國事，朝會諸侯。太甲在桐宮住了
三年深自反省，改過遷善。伊尹看在眼裡心裡明白，於是

親自迎接太甲回到朝廷，交還政權。爾後太甲修養德行，諸侯皆來歸服，百姓安居樂業。伊尹的忠誠若是，日月可鑑，非聖賢不可能也。伊尹輔佐商朝成湯、外丙、仲壬、太甲、沃丁等五代五十餘年。沃丁時逝世，以天子之禮厚葬在亳，享有商朝先王同等級祭祀。

再說湯雖戎馬一生、戰功彪炳，惟知人善任、國家大治，對於宇宙人生的真諦更是不曾忘懷。所以典籍有湯問的記載，也就是湯遍訪賢達，尋求生命的答案。我們特舉一例如下：

《莊子・逍遙遊》：湯之問棘也是已。①窮髮之北有冥海者，天池也。②有魚焉，其廣數千里，未有知其修者，其名為鯤。③有鳥焉，其名為鵬，背若太山，翼若垂天之雲，摶扶搖羊角而上者九萬里，絕雲氣，負青天，然後圖南，且適南冥也。④斥鴳笑之曰：「彼且奚適也？我騰躍而上，不過數仞而下，翱翔蓬蒿之間，此亦飛之至也。而彼且奚適也？」⑤此小大之辯也。⑥

且看莊子的說法：①湯拜訪賢德棘這個人，也是問宇宙人生事實真相。

②棘說了，從人類居住的地方算起，距離不知幾億年

遙北方有先天世界，那兒人有心包太虛的新微域元神，實際上就是通過我們身上當處煩惱而證得出世間也。如《佛說阿彌陀經》：從是西方，過十萬億佛土，有世界名曰極樂，其土有佛，號阿彌陀，今現在說法。也就是說，西方極樂世界明明白白在眼前。

③在那兒，有之前妄念習氣轉變過來的清淨眾生，一一皆是元神光明圓滿相，一一大的不可限量。如果不明白從其念頭當處學習的人，就稱為凡夫眾生而有無邊煩惱。

④那裡的新微域如大圓鏡，稱呼為我們本來元神觀照。新微域元神的背彷彿高大不動山，沒有骨頭軀幹、沒有色塵物質分子、更沒有飛行動力器具，兩翼之大如包有太虛萬象，一種身歷其境飛昇的真實感。《壇經》說萬法皆在空中。佛經也說須彌山，即妙高山。這已經跳脫一般人可以理解的範圍，只能說是不可思議境界。一切萬象在新微域照耀之下皆成為高大不動元神的好相，一一相好光明遍滿十方。也就是前面說到，北方遙不可及時空距離，頓時消弭於無形，清楚的在眼前呈現出來，目前便是了。說穿了，我們當前居住所在就是一體兩面的世界。爾後可以時時恆順眾生的先天世界，終於還我本來博大精深的元神，就在現前當下也。

⑤斥鴳小鳥聽了哈哈大笑說：世間那有這回事，何況還居住在這個沒有物質元素的金剛不壞之身？我飛上飛下

也不過數公尺而已，在蘆葦草叢之中飛翔，這已經是能飛的極限了，而其竟然把高大九萬里之元神當成自己的家住了下來。

⑥莊子的結論：世間眾生看不見自己還有一個祕藏元神大身，看不到人人眼前還有另一個先天世界。因為彼此看法不同，所以各持己見而爭論不休。

【註】

①已：宇宙人生事實真相。如《道德經》第九章，不如其已。

②窮髮之北：比喻以世間所有眾生的毛髮連接起來遙不可及的距離。冥海者：冥海，心包太虛新微域。如舜篇《荀子・堯問》，形於四海。者，元神。天池：天，回向煩惱所在。如《大學》第一章，顧諟天之明命。池，喻當處心源頭，能生也。指生生不息先天世界，無所障礙，是謂出世間也。

③有魚焉：喻由眾生轉過來的光明相。鯤：魚子，喻渺渺小小的妄念。

④有鳥焉：喻新微域。鵬：喻元神。翼若垂天之雲：垂天之雲，新微域心包太虛盡在空中，彷彿有飛昇的感覺。參考上揭，天池也。摶扶搖羊角而上者九萬里：摶，我們六根聞觸也。扶搖，直上。羊角，這是內學的境界，指剎那現相。上者，新微域元神。如《大學》第九章，上恤孤而民不倍。九萬里，喻元神博大精深。絕雲氣：盡虛空遍法界，遍滿十

方。意思是沒有時空現象。負青天：負，反面。青天，煩惱
所在天地。參考上揭，天池也。意思是我們現在面對有時空
世界的另一面心包太虛。圖南：指先天世界回到我們眼前，
其實就是相對上揭，窮髮之北有冥海者，天池也，乃 體兩
面世界。南冥：元神新微域就在當下。

⑤蓬蒿：野草。

⑥此小大之辯也：此，我們煩惱所在世間。如《大學》第三
章，此以沒世不忘也。

我們明白生命的道理，只要肯學，方向沒有搞偏，天
下無難事，只怕有心人。老天必然為其開啟另一扇門，湯
就是一個典型的例子。以下就是湯發表學習心得：

《大學》湯之盤銘曰：苟日新，日日新，又日
新。

關於此章，雖已經在《大學》闡述。因為是學習大學
之道相當重要的一環，所以還是再說一遍。乃是湯明白生
命的真諦在於「新」一字。就是大家耳熟能詳的明心見
性，內學的一道關口。

人人的念頭，皆是憑著學習、或是從小到大經驗的累
積，這些陳年往事細數如煙，都是記憶在當處「故空」腦

海裡。有任何的思維想像，都是從記憶體裡跳出來的念。縱然在學術裡，有不同以往的見解、或專業領域研發出新產品，也是透過記憶的念、綜合分析整理出來。對於諸如此類的念，叫做陳舊的妄念，是帶有滿滿的個性因素。總的來說，我們都是活在經驗回憶裡。這是論心不論事，古聖先賢所說宇宙終極原理……萬法唯心造。於此，不妨跳脫出來看看我們的世界，新科技不斷推陳出新，生活越來越便捷。當大家迷戀在科學的果實裡，人類研發製造的副產品、土地的過度開發濫用、環境的汙染……等問題。伴隨而來的地球溫室效應，南北極地冰層融化擴大，天地大變動正在悄悄的醞釀當中，大地反撲已不是不可能的事。所以地球上最偉大科學家之一愛因斯坦也坦言：科學在造物主面前，只不過是兒戲。愛因斯坦、牛頓最後都不約而同走向神的信徒，相信老祖先講的話是對的。

　　而湯所證得的念是新念，這種念是萬物穿越煩惱的故空而來，以一種嶄新微妙的姿態呈現出來。這時候身體六根會呈現平等現象，也就是眼、耳、鼻、舌、身、意互通無礙。於是對於舊妄念稱新的念，所謂的清淨念；對於舊的色身來說是新的身，叫做微妙法身，是新的自己；對於眼前對立的世間相而言是不二相，稱之光明相；對於現在看到的世界有天、有地、有空間的障礙而論，那是超越空間無所障礙，叫做新微域世界、新新不住的先天世界。

歸納而言：人類事物上的創新發明，也許並不見得一定好，但人人心性上的新發現，肯定百分之百的好。皇天不負苦心人，湯終於見證到這個美麗新世界。以自己過來人的經驗之談，勸進後學應注意內求其中的陷阱，提供你我菩提道上的借鏡。

在儒家新書《脩證語上》，湯曰：學聖王之道者，譬其如日；靜思而獨居，譬其若火。① 夫舍學聖之道，而靜居獨思，譬其若去日之明於庭，而就火之光於室也。然可以小見，而不可以大知。② 是故明君而君子，貴尚學道，而賤下獨思也。③ 故諸君子得賢而舉之，得賢而與之，譬其若登山乎。得不肖而舉之，得不肖而與之，譬其若下淵乎。④ 故登山而望，其何不臨，而何不見？陵遲而入淵，其孰不陷溺？⑤ 是以明君慎其舉，而君子慎其與，然後福可必歸，菑可必去也。⑥

湯對於學習有話要說：

①我們內求天外有天的新微域、人外有人的元神、天人合一的新微域世界，這一門心法是大法，譬如太陽；如果只是靜靜的伏妄念而離群索居，不與人往來，此種學習

方式，譬喻如火的光亮。

②如果捨棄學習突破煩惱習氣之道，而僅止於打壓妄念逕自揣摩先天景象，譬如這人放棄太陽光芒照耀於大庭廣眾之下，而只求小小火光照射於室內。雖然可以證得一個專注空的樣子，僅能伏住妄念而不能斷，如石頭壓草，當然不得親證破宇宙天地無明的清淨念。

③從我身心源頭產生出來專注感，以反觀自照當處煩惱證得清淨念稱作明心見性的君子，佛家說——法身大士，最可貴的是，尚且繼續透過內觀轉境不疲不厭，破一品無明煩惱證一分新微域元神，而最忌諱的是整日無所事事獨自用頭腦想像生命真相、閉門造車也。

④所以證得先天內觀之徑君子特點，是從身上改過自新提起專注眼神，這種專注感經由念與念之間轉而成為清淨眾生。譬如登高必自卑，也就是說，內學是從改正不良習慣開始，等習氣乾淨了便不再作第二人想啊！如果只是有能力止住妄念兼而有之專注力，而發現我們身體內外之間一種的空就以為證得，那是得頑空而守住以為是究竟真相。譬如這人看不到自己的缺點毛病擱淺在業障深淵，活在回憶包袱裡啊！

⑤從煩惱的故空裡找回元神而以新微域照大千，那一個眾生不是我相好光明、而那一個光明相不是遍覆一切處呢？如果提起本身專注力只為伏煩惱而已，卻連帶壓抑了

清淨念而墮入無為坑，那一個不是陷於自我煩惱慣性之中無法自拔呢？

　⑥要知道，內明最要緊的是，改習之餘摸索我們自己升起來專注覺知力，相對與妄念周旋之際，千萬不可誤入歧途。而君子就是明白專注眼力不打壓不放縱而循妄念出處轉為清淨眾生，那就是清淨念。然後煩惱所在可以轉新微域元神的先天世界重現，妄念必然不告而別也。

【註】

①聖王之道：聖，新微域。參考舜篇《中庸》子曰，德為聖人。王，元神。如《道德經》第三十二章，侯王若能守之。其實就是大學之道。

②可以小見：可以，如《大學》第三章，可以人而不如鳥乎！指專注的空境。大知：清淨念，明白人。如舜篇《中庸》子曰，舜其大知也與。

③是故明君而君子：故，當處心源頭。參考《大學》經，先致其知。明，如《大學》經，克明德。君，元神亦是清淨眾生。如《大學》第八章，所以事君也。

④故諸君子得賢而舉之：故諸君子，先天內觀。參考《大學》第八章，是故君子有諸己而后求諸人。得賢而舉之，參考《大學》第三章，君子賢其賢而親其親；第九章，見賢而不能舉。得賢而與之：與之，專注感轉而成為清淨眾生。不

肖：肖，微也，指人其妄念與專注力關係。所以不肖指猶在門外伏煩惱階段，無法進入先天微妙清淨念。譬其若下淵乎：淵乃元神。如《道德經》第四章，淵兮，似萬物之宗。但是承上句，乃是落入空境，這是學習上的一種誤解，也最容易引發岐見的地方，佛家說：小乘空。請參考《大學》第八章，〈康誥〉曰：如保赤子……。

⑤故登山而望：有故在前作分界線，如《大學》第二章，是故君子無所不用其極，所以登山指進入先天世界的元神。如《大學》第九章，節彼南山。陵遲入淵：陵，同凌，欺侮、侵犯。這裡指本身專注力。遲，引喻妄念與清淨念一體兩面，孰先孰後而已。請參考《大學》經，意誠而后心正。入淵，如上揭，譬其若下淵乎。

⑥是以明君慎其舉：是以明君，指內明之學。有別於上揭，是故明君而君子。慎，如《大學》第五章，故君子必慎其獨也。福：先天世界。如《道德經》第五十八章，禍兮福之所倚。菑：災也，指妄念必惹災禍來。如《大學》第九章，菑必逮夫身。

《禮記》，孔子曰：「天無私覆，地無私載，日月無私照，奉斯三者以勞天下，此之謂三無私。」①其在《詩》曰：「地命不違，至於湯齊。②湯降

不遲，聖敬日齊。③昭假遲遲④，上帝是祇⑤，帝命式於九圍⑥。」是湯之德也。

最後孔老夫子證明湯也是道統傳承的人。曰：①「有一個天，卻沒有被我們的妄念所遮蔽，叫做天外有天。有一個地平線同樣沒有妄念遮擋，卻不似地球表面阻隔叢生，可以說含容天地、心包太虛，叫做淨土（即剎土）、新微域映照剎那生滅之處。那是無量光無量覺的所在。能夠看到這麼一個美麗先天世界，是人人還原元神恆順萬物以成。正是煩惱所在當處所謂沒有妄念而發展出來。」

這個美妙世界的形成，《詩經》這樣說：「②湯不再自私，不復強烈自我，可以放下習氣包袱，用寬大的心關懷萬物。於是發現本身具有一種空空洞洞覺察力，一種不同以往的感覺，格外珍惜，但不自我滿足。③湯就是利用這種專注感在其身上當處印證有清淨念先於妄念而生，所謂的微妙法身。隨順而來殊勝法身，就是當下煩惱所在透露出來的內觀，也是湯其人之外另有其人。④之後，每天懂得運用內觀元神隨順轉境不厭倦，一直到心包太虛新微域顯露無遺，新微域如鏡映照出來萬物剎那生、剎那滅不斷，只是如夢如幻一場。⑤其實就是元神觀照恆順不已。⑥也是莊嚴本來無一物的元神光明形象無所障礙，來自於新微域取之不盡、用之不竭心包太虛的熱鬧萬物。」這是

現前湯之先天世界、宇宙人生事實真相也。

其實夫子大力印證，說明了，古往今來英雄所見略同。

【註】

①天無私覆，地無私載：私，乃是私心妄念。如《道德經》第七章，非以其無私耶！日月無私照：指無量光是自明，而非外來。如堯篇《莊子‧逍遙遊》，日月出矣而爝火不息。奉斯三者以勞天下：奉斯三者，指元神。勞，恆順不息。如堯篇《莊子‧逍遙遊》，不亦勞乎。

②地命不違：地命，當處有妄念才產生世事萬物。如《大學》第九章，惟命不于常。不違，改習隨順之意。至於湯齊：乃湯本具專注力。

③湯降不遲：降，專注感與妄念關係。不遲，清淨念先到。參考前揭賈誼新書，凌遲的解釋。聖敬日齊：聖敬，隨順清淨念不斷。參考前揭賈誼新書，聖王之道及禹篇《大禹謨》，敬修其可願。日齊，即內觀隨順之徑。參考《大學》第二章，日日新。

④昭假遲遲：昭，指內觀元神的轉境界。假，有心包太虛之意。參考禹篇《大禹謨》，不自滿假。遲遲，新微域映照剎那生滅。

⑤上帝是祇：上帝，元神。如《大學》第九章，克配上帝。祇，恭敬、隨順之義。

⑥帝命式於九圍：帝命，供養元神的生命。九圍，九係無盡
　數，圍指天地還原心包太虛。是湯之德：湯其人先天世界。
　如禹篇《大禹謨》，予懋乃德。

文王——周室三母

《中庸》曰：仲尼祖述堯、舜，憲章文、武；上
律天時，下襲水土。①辟如天地之無不持載，無
不覆幬，辟如四時之錯行，如日月之代明。②萬
物并育而不相害，道并行而不相悖，小德川流，
大德敦化，此天地之所以為大也。③

　　《中庸》：①先師秉承上古堯舜隨順之道，沿襲周文
王、武王內明之學；在自個兒身上當處煩惱親證有無始以
來先天世界，乃是人外有本來元神恆順心包太虛裡萬物以
成。

　　是以子曰：「吾道一以貫之。」並非自己創作或發
明，遠古以來就已經存在，是謂「述而不作」。只是夫子
畢生弘揚先王之道，被視為中華道統文化一脈相傳集大成
者。

　　②這種先天世界景象：譬如新微域包裹宇宙萬物，生
生不息眾生又無不圓滿新微域不定相。猶如一年四季春夏
秋冬之交替運行毫無錯亂，一一眾生相光明無比，一一光
明如日月之更替、永無止盡。說實在話，這樣光明也非外
來。

　　③宇宙萬物在新微域一點也不相妨礙，新微域無量光明眾生皆共同本來無一物元神身，亦不發生互相推擠碰撞情事。佛家說——有情無情同圓種智，或十方三世佛共同一法身。如此光明相好、來去無所有，即是元神——光明遍滿十方。正是煩惱所在面對的天地回到新微域，而元神恆順之際皆是成就沒有天障、沒有地礙的新微域世界也。

【註】

①仲尼祖述堯舜：仲尼，孔氏，名丘，字仲尼，後世視之為儒家創始人。述，遵循，隨順也。憲章文武：憲，如舜篇《中庸》章句，憲憲令德。章，有條不紊。如堯篇・子曰，煥乎，其有文章！言是內明之學。上律天時：上，如《大學》第九章，上老老而民興孝。天時，如舜篇，天之曆數在爾躬。即是先天世界有規律的現象。下襲水土：襲，合也。承上句，即上下合一之意。水，喻元神。如《道德經》第八章，上善若水，水善利萬物而不爭。土，心包太虛新微域。如《大學》第九章，有人此有土。

②無不覆幬：幬，舟車上的帷幕，有如服飾，喻新微域。如禹篇《論語》子曰，而致美乎黻冕的釋義。

③道并行而不相悖：道，人人皆有的元神。如《大學》開宗明義，大學之道。小德川流：指新微域剎那生滅相，無所有、了不可得，如流水一般。大德敦化：大德，純淨純善的相遍

滿十方。**參考舜篇**《中庸》子曰，故大德者必受命。敦，厚也，即元神。此天地之所以為大也：此，如《大學》第四章，此謂知本。所以，如《大學》第八章，所以使眾也。大，**參考堯篇**《論語‧泰伯》，唯天為大。

　　周文王，姬姓，名昌，商朝末期周氏族首領，是西部諸侯之長，亦稱西伯昌、西伯侯。後來兒子武王建立周朝之後，才追封為周文王，後世視之為道統之傳人。

　　在介紹文王事蹟的同時，有必要一併談起，一個成功男人背後不為人知的推手。就是史上著名周室三母太姜、太任、太姒，分別幫助其丈夫奠定周朝八百年的基業。

　　周的興旺肇始於古公亶父，姓姬名亶，也就是文王的祖父。娶太姜為妃，性情貞潔柔順，族裡遇有遷徙或重大決議之事，古公無不與之商量。古公善待百姓人民，得到大家的擁戴。有外族薰育和戎狄，為了財物要進攻周族，亶父就大方給予。外族食髓知味、得寸進尺，要求更多土地和人民。這時諸侯、民眾非常憤怒，想團結一致抵抗外侮。古公卻說：先有人民才有君主，君主存在目的是替人民謀福利。如今戎狄為了土地、人民發動攻擊，而人民百姓在我與在戎狄有何區別。今人民向我，皆要我戰，悍衛國土。因此而殺其人父、統治其子民，我實在於心不忍。由此可見，古公完全無私的超人氣度。於是率領部屬家人

遠離，往岐山下住了下來。原來豳地百姓人民跋山涉水追隨而來，其他部落人民風聞古公寬大胸襟，也是舉家扶老攜幼前來歸附。唐朝布袋和尚插秧詩：「手把青秧插滿田，低頭便見水中天；六根清淨方為道，退步原來是向前。」好一個退步原來是向前！再次印證舜篇論及一讓再讓的不爭事實，那就是得到的反而更多。這麼一來，古公不得不營造城郭、房舍安頓人民，並改革戎狄不良風俗習慣。設置五官，各司其責，百姓安居樂業，皆歌頌古公仁德愛人。孟子更是大力讚揚古公：鍾情太姜，不娶其他妻妾，沒有多女共事一夫的困擾，即後宮佳麗三千，導致宮外男子當婚年齡娶不到老婆，所謂的「內無怨女，外無曠夫。」伉儷鰜鰈情深，育有三子，長子太伯、次子虞仲、少子季歷。太姜相夫教子，個個知書達禮。古公鍾愛季歷之子姬昌，有意立季歷以傳昌。當時皆是傳位嫡長子，大兒子太伯心知肚明，為了讓位季歷，不讓父親古公為難。於是帶著二弟虞仲前往荊蠻之地，化解了這場尷尬，成為兄弟友愛禮讓的千古佳話。《論語‧泰伯》子曰：「泰伯，其可謂至德也已矣！三以天下讓，民無得而稱焉。」指的就是太伯三讓天下與其弟弟季歷，可謂人間最高德行，實屬不易。這種禮讓的大氣，無不歸功於母親太姜的教誨。

　　次說季歷娶太任為妻，太任端正嚴謹，非常仰慕婆婆的美德，奉侍公婆更是不敢稍有懈怠。尤其重視胎兒的先

前教育，從懷孕開始，目不視醜陋事物、耳不聽邪惡音聲、口不出不實狂言。史書有言：「……故妊子之時，必慎所感。感於善則善，感於惡則惡。人生而肖萬物者，皆其母感於物，故形音肖之。文王母可謂知肖化矣。」這一段話，就是目前普遍流行的胎教。意思是：懷孕之時，母子連心，所以身為母親必須謹言慎行。媽媽的起心動念，必定牽動腹中胎兒連帶產生附和。如果整天思的想的是利益眾生，則胎兒善念強大，將來必大有可為；如果成天縈繞著自私自利念頭，則小小心靈亦有所感應，必也是乖念主導，一生磨難在所難免。待胎兒順利生產之後，其意識行為亦如天地裡眾生，有正、有邪、有順、有逆，皆是母親懷胎十月一切思維造作總和。所以形於外長相特徵及形於內的念頭，也就是說抱在襁褓裡的嬰孩，必然是其父母親身心的縮影。太任產下姬昌，果不其然，自小有聖人瑞相，深得古公喜愛。並說將來光大我周國，非姬昌莫屬。文王母親可以說深知胎教的重要、並能以身奉行。

再說太姒是姬昌之夫人，生在大禹的後代有莘氏部落，即今陝西渭南。據載：貌若仙女，仁愛而明理，德配天地。文王一見鍾情，決定迎娶。因渡河的渭水無橋，便造舟為橋，使舟舟相連，成為浮橋，親自迎娶，場面盛大光采。太姒入門之後，端莊賢淑，極盡婦道，不因夫君關係而驕寵，人皆稱文母。文王治外、文母治內，後人稱妻

子為內人、丈夫為外子，據說由此而來。史書有載：「周室三母，大姜任姒，文武之興，蓋由斯起。太似最賢，號曰文母。三姑之德，亦甚大矣！」意思是說：周朝興起，文王、武王成就，皆因有太姜、太任、太姒三母的盡心盡力。其中太姒最賢，不僅襄助丈夫文王有功，最終亦成就其子武王、周公之德。總之婆媳三人母儀天下，齊家治國，堪稱典範。後世人尊妻子叫太太，比喻自家妻子如周室三母的賢慧，即是出自於此。

西伯姬昌廣施仁政、發展農業、禮賢下士，使周地方國力日益強盛，竟然可與商紂王相當，為此引起紂王的恐慌與忌恨。於是無緣無故設計將之囚禁於羑里城，殷都的監獄，今河南安陽。姬昌被囚，每日鑽研伏羲先天八卦、推演周易，創造了後天八卦，也叫文王八卦。西伯臣屬閎夭……等人，日夜奔波，千方百計營救，伺機獻上紂王的最愛。紂王大展歡顏說道：僅美女一件已足夠釋放姬昌，何況有寶馬及大批奇珍異物，因此得以解困。紂王高興之餘，賞以弓、矢、斧、鉞並授權得以征討不聽命令的諸侯，這就是歷史上著名「羑里之厄」。此時西伯亦獻上洛西土地，請求除去不仁道炮烙之刑，紂王也答應了。

西伯回到西岐，更加苦心經營，因寬厚仁慈，臨近諸侯小國無不信服。其中以文王斷虞、芮之訟流傳古今。這兩諸侯國為邊境土地糾紛爭執不下，看看眼下各國，唯有

周的國勢蒸蒸日上，有能力解決爭端。於是不找殷商紂王裁決，逕自相偕來請西伯姬昌主持公道。初來乍到看見周國一幕幕景象驚訝不已！耕者皆讓畔，民俗皆讓長。意思是說：耕田的農夫，皆主動將田邊溝畔的土地往內退縮，而羞於侵佔到對方土地，使得比鄰耕地皆有廣闊的空地。人民風俗習慣皆尊敬年紀長者，舉國上下洋溢著禮讓風氣。強烈對照下，兩諸侯內心甚感羞愧。原來我們所爭的邊地，竟然是周人相讓之地。於是未見西伯便悄悄回到國內，將所爭之地比照周人置為閒田，解決邊境爭端，糾紛亦化解於無形。而西伯肩負討伐不聽命令諸侯，此時用兵亦連連告捷。《論語》夫子說：文王三分天下有其二，仍無異心臣服於殷商紂王，可謂人間忠義之至啊！不正是應驗了古公亶父之言「這小子將來大有可為」。

　　由此可知，不論古公亶父或文王的所做所為，皆是順應天下蒼生需要、解決百姓人民苦惱，並非刻意使然，而最終卻是國富民強。這種悲天憫人胸懷，與佛陀慈悲精神並無二樣，即孔夫子一再推崇的古代聖王。是以姬昌外在豐功偉業若是，對於內心世界的探索尤其不遺餘力。夫子就視自己為文王之道統傳承人，何以見得？

《論語・子罕》子畏於匡，曰：「文王既歿，文不在茲乎？天之將喪斯文也，後死者不得與於斯文也；天之未喪斯文也，匡人其如予何？」

孔子周遊列國行經匡地時，被誤以為陽虎而橫加為難，不禁感慨！曰：「周文工昔人已遠，難道一脈相傳之道就不在人間了嗎？如果老天將收回內明之學也，我後輩孔丘照理講，就不該悟得此道脈一以貫之也；既然先天世界大門沒有關起來，只要人人透過身上煩惱合情合理學習，既經打開來就明明白白浮現在眼前也，匡人又豈能一手遮天，將人人另面先天世界藏起來而阻礙我傳道教學，亦即能奈我如何？」

【註】

文：指堯舜一脈相傳之道，即是孔子曰，吾道一以貫之，乃是內明之學。如堯篇《論語》，煥乎，其有文章！天之將喪斯文也：天，老天，先天世界。如前揭，上律天時。後死者：夫子謙稱的意思。匡人：春秋時期魯國叛臣陽虎曾攻打匡邑，夫子行經該地，因長相酷似陽虎，一度身陷危險。

說到西伯姬昌之所以能夠攘外安內，戰無不勝、攻無不克，就不得不提及一位歷史上赫赫有名人物——姜太

公。此人見識非同小可，有遠大抱負。姓姜，名尚，字子牙，通稱姜子牙。殷商末年東海人，今山東莒縣東呂鄉。西伯拜姜尚為師，曾說：「自吾先君太公曰『當有聖人適周，周以興。』子真是邪？吾太公望子久矣。」意思是指祖父古公在有生之年，盼啊盼的人，終於出現了。故後人尊稱姜尚為太公望。西伯去逝，周武王仍以姜太公為師，大敗商軍紂王於牧野，自此朝代更替。

話說，有一次西伯出遊，路過渭水邊，發現有老者釣魚。細看之下，魚鉤是直的、離水面三尺高，不免好奇的詢問。呂尚對曰：我釣魚是願者上鉤，不願則隨之。西伯明白絕非凡人，此時求才若渴。對以紂王無道，希望振興世道。兩人愈談愈有同感，尤其老者論治國之道，精闢深入的看法，西伯讚不絕口。誠摯邀請先生當我師，尊其為太師，職掌軍權，締造周朝統一大業。此即成語：「姜太公釣魚，願者上鉤」的典故。

《中庸》曰：故至誠無息[1]。不息則久，久則征。[2]征則悠遠，悠遠則博厚，博厚則高明。[3]博厚，所以載物也；高明，所以覆物也；悠久，所以成物也。[4]博厚配地，高明配天，悠久無疆。如此者，不見而章，不動而變，無為而成。[5]天

地之道，可一言而盡也；其為物不貳，則其生物不測。天地之道，博也厚也，高也明也，悠也久也。⑥今夫天，斯昭昭之多，及其無窮也，日月星辰系焉，萬物覆焉。今夫地，一撮土之多，及其廣厚，載華岳而不重，振河海而不泄，萬物載焉。今夫山，一卷石之多，及其廣大，草木生之，禽獸居之，寶藏興焉。今夫水，一勺之多，及其不測，黿鼉、蛟龍、魚鱉生焉，貨財殖焉。⑦《詩》云：「維天之命，于穆不已！」蓋曰天之所以為天也。⑧「于乎不顯！文王之德之純！」蓋曰文王之所以為文也，純亦不已。⑨

　　《中庸》：①我們身上產生煩惱的「故空」塞滿了慣性種子，自我意識很強，左右一個人的思想言行，學習不得不靠自我領悟力加以修正。等到身上的習性淡薄了，才有能力提起專注力。

　　②透過專注的感覺，一再反覆測試，妄念來了、妄念去了。就在於既不能放縱，又不能一成不變的伏緊、而扼殺僅有的一線生機。只能說憑著感覺走，不達目的誓不休。終於親身證實真正的自己竟然擺在眼前，佛經說微妙法身佛、或清淨念、光明相……等。明白了，當處故空是妄念與清淨念共同發源地，從此分隔成一體兩面先後天世

界。

③有先天清淨念，就是內觀到心源頭有清淨眾生來去。內觀久之，必然出現一個身，叫做元神，而內觀就是帶著元神初來乍現。有能觀元神一只眼則必然也要整理出臉面，就在彼此通力合作之下展開前所未有轉境過程，新微域清晰臉面終於浮現上來。

④於是發現元神博大精深，原來新微域也含藏宇宙萬物，本自具足也；元神觀照，就是新微域映照之下的光明相遍滿十方也；莊嚴元神不定光明相，就是靠著新微域源源不絕萬物眾生而成就也。

⑤元神本來無一物，必須仰賴心包太虛裡萬物而存在。光明相顯示出來的殊勝景觀，是真正先天世界。所以元神看到的無量光，永遠無所障礙。

如此的新微域元神，不待凡身肉眼看，看到的是剎那生滅光明相不紊不亂。不用雙腳走路，卻隨著萬物迎面而來、隨之而去，可以說如夢如幻。這就是恆順而成的先天世界。

⑥宇宙天地回到面前的新微域元神，一目了然的光明相，其實就是《金剛經》所言「一合相」也；因為元神光明相既然是萬物眾生，所以新微域映照之際是沒有妄念的。

如是不可思議先天世界，其下元神精深無比也、好似

不動也。其上新微域至高無上也、遍照遍知也。永遠沒有煩惱也、恆久無盡也。

⑦就在現前先天世界，是元神一合相剎那生剎那滅不已，而又冒出多餘的念，佛家說，一念不覺而有無明，於是一線之隔元神變成妄念一個又一個接踵而來也。這時有了身體有了煩惱，我們身上所見所聞皆夾雜妄念，再看到的是高高在上的天，有太陽、月亮及星辰滿佈，所謂障礙重重的後天世界，萬物生長不已。

就在眼底下新微域地平線，是整個宇宙萬象的濃縮，佛家說淨土，事實明明就擺在眼前，又要起疑鑽研探討，於是一線之隔心包太虛新微域消失，所以變現的宇宙瞬間膨脹起來。如此便形成一望無際的大地，當中深遠無盡，乃是長寬高的三度空間。承載一座座崇山峻嶺一點也不感覺重，裝著海洋、大小河川、乃至於涓涓細流一滴水也不滲漏，再多的眾生統統容納得下。

就在現前新微域元神，具體而微、微乎其微的存在，佛家講須彌山，即妙高山，又想出一個色身來。於是一線之隔新微域元神化身為天地伸展出去的生活空間，有綠油油草原、茂密森林，天上飛的、地上走的，更有數之不清的寶石礦物，大家在裡面你爭我奪。

就在當前有元神恆順剎那光明相，隨順一旦受到妄念打斷，於是一線之隔清淨光明萬物就轉化為世間整個生態

系統，其中複雜程度無法想像，更不可臆測，如海裡的魚、蝦、貝……等眾類繁殖不已。人人將之捕獲烹了、煮了、賣了，自相殘殺，於是錢財滾滾而來。

⑧《詩經》云：「我們經由內學通往無量光明眾生，關鍵就在於覺察力沒有言語、只有隨順，溫和的對待當處妄念，精進不斷！」所以說，人人煩惱所在當處開發出來心包太虛元神的先天世界，也是恆順眾生永無止息。

⑨「就在於念念之間不太明顯的「故空」中！揭開出來文王之先天世界剎那生滅光明相，沒有對立、恐怖、顛倒、夢想！」也就是說，文王以內在元神恆順現前新微域一切眾生而來也。純淨純善元神光明相剎那生滅殊勝無比，亦如我們人人現在煩惱裡「故空」升起妄念，來了就走、走了又來，真正無所有、了不可得。正所謂是：一切法從心想生。

【註】

①故至誠無息：參考《大學》經，欲誠其意者。

②不息則久：不息，學習不間斷。久，有二義，門外乃學習的人，恢復本具專注力；門內指元神，即人外有人之意。如《道德經》第十六章，道乃久。久則征：征，跡象，指露出清淨念。乃是專注感轉而成為清淨念。

③征則悠遠：悠，憂、思也，乃當處故空所在。遠，指內觀。

如《道德經》第二十五章，逝曰遠。博厚：元神。如《大學》經：其所厚者薄。高明：高，新微域。明，內觀元神。參考《大學》經，在明明德。指煩惱所在靠元神一只眼轉物蛻變新微域過程。

④所以載物：所以：乃指新微域。如前揭，此天地之所以為大也。即心包太虛之意。所以覆物：新微域量周沙界的光明相，即遍滿十方。

⑤如此者：新微域元神。無為而成：成，指先天世界。如《道德經》第四十一章，夫唯道善貸且成。

⑥天地之道：道，新微域元神，即先天世界。如《大學》開宗明義，大學之道。可一言而盡也：一合相，盡虛空遍法界。如《大學》第八章，此謂一言僨事。其為物不貳：其，指新微域元神。不貳，不二相。不測：不可臆測，沒有妄念之意。

⑦今夫天：今，即時空消弭於無形，現前當下也。如《佛說阿彌陀經》，其土有佛，號阿彌陀，今現在說法。天，先天世界。如前揭，天之將喪斯文也。斯昭昭之多：昭昭，剎那生滅光明相。如湯篇《論語》，昭假遲遲。之多，生出多餘妄念。及其無窮也：指元神成為妄念，所以我們的煩惱無邊無際，混亂不堪。一撮土：相對於今夫地，乃新微域裡地平線。如前揭，下襲水土。及其廣厚：新微域元神變現的宇宙擴張開來，指立體空間。今夫山：新微域元神。如湯篇・賈

誼儒家新書，故登山而望。及其廣大：新微域元神化為天地眾生，指平面的一切生物。今夫水：指兀神恆順萬物剎那光明相。如前揭，下襲水土。及其不測：指光明相還原世間一切生態，不可臆測也。黿鼉蛟龍：黿，巨鱉，或元魚。鼉，爬蟲動物揚子鱷。蛟龍，水族之類。

⑧維天之命：維天之命，參考堯篇《論語‧泰伯》，唯天為大。命，如湯篇《禮記》孔子曰，帝命式於九圍。于穆不已：已，本義止。如《大學》第三章，穆穆文王，於緝熙敬止。

⑨于乎不顯：指在我們故空所在，不太明顯。文王之德之純：文王之先天世界。如湯篇《禮記》孔子曰，是湯之德也。

武王──孟津觀兵

《論語‧堯曰》：……周有大賚，善人是富。①
「雖有周親，不如仁人。百姓有過，在予一
人。」②謹權量，審法度，修廢官，四方之政行
焉。③興滅國，繼絕世，舉逸民，天下之民歸心
焉。④所重：民、食、喪、祭。⑤寬則得眾，信則
民任焉，敏則有功，公則說。⑥

《論語‧堯曰》：①……周之所以有各地諸侯人民大
力相助，一舉滅了殘暴無道的紂王。最大原因是從其曾祖
古公亶父、祖父季歷、父親西伯姬昌以來，一直秉持著謙
讓的作風，聲名遠播。各國諸侯部落受惠匪淺，是以眾望
所歸、唯周馬首是瞻，所以才有一統天下局面。但是武王
說：②「于今雖享有祖先們的恩澤福蔭，獲得天下人支
持，還不如內學本有的新微域元神貼切。意思是，就算得
到祖先們庇蔭，所謂的大富大貴亦無法保證一生無恙。當
面對無常生死來臨，猶是自顧不暇，誰也幫不了誰，惟有
新微域元神才是自己永恆的家。新微域元神存在著美好的
先天世界，沒有對立、恐怖、顛倒、夢想。

一旦看見有衝突敵對怵目驚心的後天世界，那是我們

妄念使然擋住了先天世界視野。」

由此可見，周武王也是孔夫子心目中道統傳承之人。以下是夫子對於堯、舜、禹、湯、文、武、周公聖王心法相傳所作結論：

在治理國家採取的一貫作法：③一方面謹慎制定各級行政人員權責範圍，訂定人民百姓遵守的權利義務，落實各階層考核制度及循序升遷管道，俾國家政令暢通無阻。④一方面教育百姓人民學習內心世界，也就是說根本內明之學的推廣，將鮮為人知的先天世界繼往開來留傳下去。告訴大家，只要淨化自我習氣，提起專注力漸進找回失落清淨念。我們人人除了現在看得見色身外，更有生生世世不離不棄的元神將會現出大身來。何況宇宙萬物又將回到汝心中，多麼美輪美奐。西方人說，上帝與我同在。

⑤又國家重視的工作：有民生需要、百姓衣食、喪葬禮儀、祖先祭祀。這些林林總總的作為，皆是引導百姓朝向人人心性邁進。⑥如果人民百姓的心念打開，清淨念自然產生。這樣我們蘊藏習氣當下「故空」有內觀隨順眾生自由往來。每天日昇日落、在在處處有內觀元神相伴轉境界。那一線之隔的先天微域撥雲見日、指日可待。從此還原先天世界的元神過著無憂無慮的日子。

【註】

①周有大賚：賚，賜也。指周伐紂之際，有各地諸侯及百姓人民相助。善人是富：善人，指武王的先祖們。富，厚德也。

②雖有周親个如仁人：周親，祖先們的福蔭。仁人，相對於前揭善人，指人外之人的新微域元神。如《大學》第九章，唯仁人放流之。百姓有過：指相對的世界，有是非人我。

④興滅國：滅，沒也。國，指內心世界的新微域。如《大學》經，國治而後天下平。繼絕世：絕世，指獨一無二先天世界。舉逸民：舉，專注力。如《大學》第九章，舉而不能先。逸民，逸乃隱遁，指人人本來隱藏的清淨念。如《大學》經，在親民。

⑥信則民任焉：信，如《大學》第九章，必忠信以得之。民任焉，內觀隨順天地萬物。敏則有功：敏，疾也，乃內觀元神剎那生滅之意。有功，指有先天微域的意思。如《道德經》第二章，功成而弗居。公則說：公，先天世界。如《道德經》第十六章，公乃全、全乃天。說，如《佛說阿彌陀經》，號阿彌陀，今現在說法。

　　周武王，姬姓，名發，諡武，西周第一代天子。西伯昌與太姒之嫡次子，歷史上周文王、武王，及之前堯、舜、禹、湯一向為儒家尊崇古代明君，亦被視為道統傳承人。

　　話說文王在位期間，已三分天下有其二。文王的嫡長子伯邑考早逝，次子姬發順理成章繼位。《史記‧周本紀》載：武王即位，重用賢良，仍以姜太公為師，弟周公旦為太宰，舉用正直之士，繼續父親文王緒業。文王在世唯盡忠殷商朝廷，但紂王變本加厲荼毒生靈。武王不得不代父出面解決人民百姓問題，以太子身分持父親神靈牌位到達渡河孟津，顯示自己的卑微不敢掛帥，天下諸侯聞訊皆趕來助陣，一致決心討伐商紂王。不過由於種種跡象顯示，天時、地利、人和……仍有不足，強行惟恐付出慘痛代價、傷及無辜，有違天意。姬發乃當眾宣布：「汝未知天命，未可也。」於是率軍而返，等待機緣，即史上著名「孟津觀兵」。

　　此時紂王貪圖享樂，置朝政於不顧，臣子們一再提出忠告，卻慘遭酷刑侍候，甚至殺頭丟了性命。比干剛正不阿，眼見國家危如累卵，當面直諫，卻遭裂膚剖心；箕子聞訊進宮面諫，紂王拒之於宮外，將他貶為奴隸打入大牢，唯恐不測，於是裝瘋賣傻，披頭散髮胡言亂語，才免於殺身之禍。朝臣們見到比干慘死、箕子下獄，而此二人皆是忠臣又是紂王的叔父。知大勢已去，人人自危、紛紛逃離。更有大臣取了代表國家權力象徵的宗廟祭器直接奔周而來，至此殷商人氣渙散，名存實亡。

　　姬發勤於政事，國勢漸入佳境。相對於紂王的倒行逆

施，已至無可救藥地步，為了無辜百姓人民，不得不討伐，並作泰誓曰：「……我伐用張，于湯有光。」意思是：我伐紂並非個人私心作祟，是應乎天地眾生請求，我不能見死不救啊！我善待殷商的臣民，也是繼續發揚成湯的德政。未久，各路諸侯再次會合，甚至長江、漢水流域的氏族、方國，如庸、蜀、姜……等亦前來助戰。姬發親自率領披甲戰士四萬五千人，與各路諸侯會師孟津。紂王日日與妲己歡樂，沉醉於歌舞飲宴、酒池肉林。各地諸侯部落紛紛叛離，紂王雖派兵出征平服，士兵皆留在該地耕作，亦不願回國。一聽姬發的聯軍將至，震驚不已。此時紂王只好倉促將從事勞役的奴隸集中起來，並調集親軍湊齊七十萬人，兩軍於牧野展開對峙。大戰一觸即發，只見殷商的軍隊無心戀戰，陣前倒戈比比皆是，甚至於為周軍開道，戰局成一面倒的慘狀。紂王逃回殷都王宮，自焚而亡。姬發進入朝歌，百姓皆夾道歡迎仁義之師。並釋放了箕子，重修比干墳墓。次日，武王在社壇將滅商紂的原由昭告上天，史稱「武王克殷」。自此周朝正式建立，為史上最長的一個朝代。

　　為安撫殷商遺民，武王將商朝直接掌管的領地劃分成三個區域。以舊商都朝歌為中心，以北地區為邶，封由紂王的兒子武庚祿父掌理；以東地區，封由自己的弟弟管叔鮮掌理；以西地區，由弟弟蔡叔度掌理。又封姜太公於營

丘，國號為齊；弟弟周公旦封在曲阜，國號為魯。

　　武王勉懷古代聖王，封神農氏的後代於焦國、黃帝的後代於祝國、堯帝的後代於薊、舜帝的後代於陳、大禹的後代於杞。並命令發放倉庫的錢財糧食賑濟貧民、展示傳國之寶九鼎、加固比干之墓園，令主管祭祀的祝官奠祭戰死將士亡靈。

　　武王返師周都，一日夜深仍獨自憑欄而望，憂心忡忡掛在臉上，無法安穩入眠，弟周公旦獲悉就近前往關切。問道：「吾兄心中必有一物，何事放不下？致夜不能寐。」武王說：「今天我們的勝利，是因為紂王自作孽，上天不保佑之。我國從先祖們愛民作風以來，一直有滿山遍野麋鹿自由奔逐，大批禽鳥自在飛翔。大自然百靈類尚且懂得避難到此，何況人民百姓豈有不知棄殷從周之理，並非我足智多謀或是兵多將勇。況且殷朝曾經任用有名之士三百六十人參與治國，雖無重大特殊事蹟，也還不至於走到喪國地步。今國家初創，千頭萬緒，我能否獲得老天眷顧尚在未定之數。我必須用最大誠心，善待天地萬物眾生，努力於殷商舊地之安定、百姓生活安樂，讓天下人有感。」並對在雒邑營建周都的可行性進行規劃；又將馬匹放養於華山南面；將牛隻畜養於森林；命軍隊將武器倒放，以此告示天下，不再用兵。

《淮南子・道應訓》：武王問太公曰：「寡人伐紂天下，是臣殺其主而下伐其上也。①吾恐後世之用兵不休，鬥爭不已，為之奈何？②」太公曰：「甚善，王之問也！③夫未得獸者，唯恐其創之小也；已得之，唯恐傷肉之多也。④王若欲久持之，則塞民於兌，道全為無用之事，煩擾之教，彼皆樂其業，供其情，昭昭而道冥冥，於是乃去其瞽而載之木，解其劍而帶之笏。⑤為之三年之喪，令類不蕃，高辭卑讓，使民不爭。⑥酒肉以通之，竿瑟以娛之，鬼神以畏之，繁文滋禮以弇其質，厚葬久喪以亶其家，含珠鱗、施綸組以貧其財。⑦深鑿高壟以盡其力，家貧族少，盧虖者貧，以此移風，可以持天下弗失。⑧」故老子曰：「化而欲作，吾將鎮之以無名之樸也。⑨」

　　武王問姜太公曰：「①我周國本來是殷商的附屬諸侯，今討伐紂王不道，這種行為是臣子弒其君主，而為人下屬進攻在上位者，以下犯上也。②為此我深恐後輩子孫將借此模式大開戰事，了無寧日。所謂有樣學樣，從此互相爭奪殺伐不已。事實上，紂王暴虐殘害人民百姓有目共睹，我不得不順應天下蒼生，率領各路諸侯討伐。但又擔憂眾生不明就裡，群起仿效。每思及此兩難，我心忐忑不

安，請問如何安心？」

太公回答：「③我們人人一生最煩惱的是妄念坐困愁城問題，大王之問，的確是一大事問也！

④如果我們煩惱所在未證得清淨念，或說微妙法身、光明相……等，總是整日裡為思的、想的所苦，是故念頭潛藏的記憶一點一滴釋放出來，真正難以消受；如果有洞悉覺察力因而在身上念頭處見證有清淨念，每日戰戰兢兢又唯恐惱人妄念再來打擾。

⑤大王若想要清淨念不中斷，唯一辦法，就是平日於當處煩惱隨順眾生上來而自然流露內觀之徑。如此之後，當下有內觀元神隨順日常點滴事，可以轉動境界。這也是靠著煩惱當老師，慢工出細活的破天地宇宙無明，所謂內明之學。這般微妙眾生皆是從眼前煩惱藏習源頭自由自在穿梭，取而代之法喜充滿。相對的喚醒眼前有清晰往事一幕幕場景浮現出來。繼之而來，眼前底下有觀照元神隨順世事萬物，逐漸看出目前一切皆在我心包太虛新微域之內。於是想完全解開生命無明，唯有元神觀照常相隨。想解除我們煩擾、憂慮習性，唯有新微域常相伴。

⑥每天面前記憶處所有生滅不住觀照元神把關，如此三、五年，過去妄念造作前塵往事便不再干擾為患。這即是面前轉成心包太虛新微域有剎那不住光明，來自於元神隨順一切，於是乎憂鬱懊惱不再有。

⑦這種前所未有殊勝景象，竟在於喝酒吃肉飲食之間相通。在於美妙樂音旋律之間產生共鳴。在於大地蟲鳴鳥叫……等音聲之間成就大光明相。可以說，我們身體聞觸之際無不成為新微域遍滿十方不定相。即是埋藏已久博大精深元神光明相。這種無量光現象，就好像珠子鱗片上的亮光、閃爍不已，旗幟上的絲絮隨風飄曳、了不可得也。

⑧元神博大精深、新微域至高無上，新微域元神合一，恆順生生不息萬物。這就是元神本來無一物、觀照之際也無一所有的先天世界。也是現前煩惱所在唯有元神完全出現，才能擺脫惱人的記憶。佛經云：煩惱轉菩提矣。於是今現在有元神恆順美麗淨土無窮無盡，這是永遠保持我們本來的元神，也並未離開一切萬物眾生。」

淮南子的結論，引用《道德經》第三十七章老子曰：「⑨世間萬物眾生從此轉化為我微妙清淨念，如煩惱之再生。唯今非昔比，吾將擁有新微域元神如影隨形觀照的先天世界，妄念習氣從此不附身。」

【註】

②為之奈何：參考舜篇《荀子・堯問》，我欲致天下，為之奈何？

③甚善：指一切善惡念，皆是妄念。

④獸者：清淨念。如女媧補天・淮南子覽冥訓云，猛獸食顓

民，兩者是一不是二，謂之獸者。唯恐其創之小也：之，如
《大學》第七章，人之其所親愛而辟焉。談本身專注力
（感）與妄念相互對待關係。已得之：已，生命的真相，指
清淨念。如《莊子・逍遙遊》，湯之問棘也是已。唯恐其傷肉
之多：之多，妄念。如文王篇，斯昭昭之多。指妄念造成身
體不自在。

⑤欲久持之：欲久，恆順的清淨念。如文王篇《中庸》，悠久無
疆。塞民於兌：塞，填也。如《道德經》第五十二章，塞其
兌。民，如《大學》經，在親民。兌，穴，或通也。指「故
空」之處有內觀。道全為無用之事：道全，乃內觀元神。指
揭開宇宙真實相。如佛家說，破一品無明煩惱，證一分法
身，轉境界的事。樂其業：業，已然曰業，指煩惱念念之間
的源頭，乃記憶庫，產生妄念或清淨念的所在。在此指清淨
念。供其情：承上，揭開身上記憶往事的所在。昭昭而道冥
冥：昭昭，觀照元神生滅不住。參考文王篇《中庸》，斯昭昭
之多。道，新微域元神。冥冥，一冥指心包太虛本體，具體
而微，乃新微域也。一冥指心包太虛現象。如湯篇《莊子・
逍遙遊》，窮髮之北有冥海者。瞀：愚昧無知，乃生命無明。
木：比喻元神亭亭玉立。劍：相對於前揭傷肉之多，指坐困
愁城、憂鬱、懊惱、焦慮……等妄念問題，如劍傷身。笏：
古代大臣朝見時手拿的竹板，相對於木……比喻為新微域。

⑥為之三年之喪：為之，觀照的元神。如《大學》第九章，為

之者疾。三年，概數。之喪，失位。乃妄念習氣失位也。令
類不蕃：令類，指妄念所為世間事。如《大學》第八章，其
所令反其所好。蕃，繁盛。前塵往事記憶不再為患。高辭卑
讓：高辭，指新微域剎那生滅。如文王篇《中庸》，博厚則高
明。卑讓，指恆順的元神。如禹篇《論語》子曰，卑宮室。
如《大學》第八章，一家讓。使民不爭：憂心煩惱不再有。
如《道德經》第三章，不尚賢，使民不爭。

⑦酒肉以通之：以，參考《大學》第九章，是以君子有絜矩之
道。竽瑟：古代樂器。鬼神以畏之：鬼神，泛指一切眾生的
造作行為，最明顯的是音聲。參考《道德經》第六十章，其
鬼不神。畏，大光明相。參考《大學》第四章，大畏民志。
繁文滋禮以异其質：繁文滋禮，乃我們六根接觸六塵所呈現
剎那微妙萬物眾生。如文土篇《詩經》，蓋曰文王之所以為文
也。异其質，异，覆蓋。質，承上，指新微域。乃能剎那遍
覆之。如《論語》子曰，文質彬彬，然後君子。厚葬久喪以
亶其家：厚葬，參考《大學》經，其所厚者薄。久喪，參考
文王篇《中庸》，悠久，所以成物也。亶，通祖。家，參考
《大學》經，家齊而後國治。指藏身已久的元神彰顯出來。

⑧施綸組以貧其財：施，旗貌，隨風飄曳。綸，青絲綬。組，
織也。貧其財，喻無所有、了不可得。如《大學》第九章，
仁者以財發身。深鑿高壟以盡其力：深鑿，元神博大精深。
高壟，至高無上新微域。以盡其力，發揮極致，新微域元神

合一之意。家貧族少：家貧，乃元神本來無一物。族少，新
微域的觀照功能。如《道德經》第十九章，少私寡欲。慮患
者貧：慮患者，新微域元神。意思是煩惱轉菩提也。以此移
風：以此，新微域淨土。參考《大學》第三章，此以沒世不
忘也。移風：恆順元神。參考《莊子‧逍遙遊》，而後乃今培
風。天下：乃元神，亦萬物眾生，緣其是一不是二。如《大
學》經，古之欲明明德於天下者。

由此觀之，周武王以國之君主，尚且提出疑問於姜太
公，太公之不凡可想而知。據說，姜太公以八十三歲高
齡，巧遇周文王並延攬入宮，自此展開一連串精彩傳奇的
人生。曾經輔佐周朝文、武、成、康四代君主，史上有名
「成康之治」太平盛世，太公功不可沒。太公不服老的精
神，不就告訴我們一件事——年齡不是問題。而為史上推
崇傑出的韜略家、軍事家、政治家，後來儒、道、法、
兵、縱橫家皆奉為本家人物，尊為百家宗師。

再說武王之問，不就是人人皆有的困擾。易言之，只
是代眾生發問。試想：我們年輕在職場上盡心盡力，無不
想出人頭地；年老又為心念所苦，如痴呆、焦慮、妄
想……等。尤其在夜深人靜獨自撫今追昔，細數往事點滴
在心頭！我們不都是生活在回憶之中，有快樂、矛盾、衝
突、悔恨……等。所以太公說，這是最高明的問題。這個

疑問，古老時代就已經存在，今時依然沒變，幾人逃得掉、躲得過，所以是你我遲早都必須面對。是故太公如理如實的將宇宙人生真相全盤托出，實在令吾等大開眼界。亦明白我們一生不再是唯有坐困愁城，非生老病死不可，更有另一完美的出口。

《詩經》云：綏萬邦、婁豐年。①天命匪懈、桓桓武王。②保有厥士、于以四方。③克定厥家、於昭于天、皇以閒之。④

　　《詩經》云：①對抗我們身上毛燥個性之際，有一股安定專注力量升起，可以制衡妄念的對外奔放，就在專注於妄念滅了當處有終結時空清淨眾生迸出。②這種自發性專注感轉而成為內觀之徑，各各清淨眾生偌大無比不就是我武王化身所作。③這麼一來，當前有內觀元神並肩而行打破虛空樂在其中，從此有能力轉境不疲不厭，見證前所未有的盛事，武王煩惱所在天地終於轉心包太虛的新微域元神。④就在現前妄念習氣斷盡了而有元神觀照在，是以新微域……於一念頃能遍十方百萬億阿僧祇世界微塵數國土（仁王經），如是光明念世界，那是元神恢復本來無一物、所以恆順一切而來。

【註】

①綏萬邦：綏，安，覺察力。萬邦：人人煩惱所在。如《大學》第三章，邦畿千里。婁豐年：婁，空也，指我們的故空，先後天世界的分界線。豐，表空間。年，表時間。意思是，沒有時間空間的清淨念。

②天命：內觀。如《大學》第一章，顧諟天之明命。桓桓武王：桓，大也。

③保有厥士：厥士，古文的士，大抵指人，所以厥士乃人外有人，即是內觀元神。于以四方：心包太虛新微域，一切俱內。如《大學》第八章，正是四國。如湯篇《論語》，無以萬方。有別於前揭《論語》，四方之政行焉，屬於外在。

④克定厥家：克定，能夠取代妄念習氣之意。厥，其也。家，元神觀照。如《大學》第八章，一人定國。于昭於天：天，如文王篇《中庸》曰，今夫天。皇以閒之：皇，元神。如湯篇《論語》，敢昭告於皇皇后帝。閒之，不再用妄念作意，在完全自然隨順狀況下，身心得到解脫。

周公——一身三變

《韓詩外傳》孔子曰：「昔者、周公事文王，行無專制，事無由己，身若不勝衣，言若不出口，有奉持於前，洞洞焉若將失之，可謂子矣。①武王崩，成王幼，周公承文武之業，履天子之位，聽天子之政，征夷狄之亂，誅管蔡之罪，抱成王而朝諸侯，誅賞制斷，無所顧問，威動天下，振恐海內，可謂能武矣。②成王壯，周公致政，北面而事之，請然後行，無伐矜之色，可謂臣矣。③故一人之身，能三變者、所以應時也。④」《詩》曰：「左之左之，君子宜之；⑤右之右之，君子有之。⑥」

　　這是孔夫子描述周公一生寫照：「①之前、周公隨侍文王的時候，遇事不敢擅自作主，不敢任性而為，如臨深淵、如履薄冰，多聽不敢多言。有追隨父親大人跟前時，逢事必然在旁洞察來龍去脈，深怕錯失學習機會，可以說扮演兒子角色恰如其分。②其兄周武王仙逝，成王年幼，周公撐起父兄創建的一片江山。敢作周朝天子，敢當天子聽政，率軍東征三年克服萬難，平定淮夷部落諸國的叛

亂，一手將為首的哥哥管叔、參與的弟弟蔡叔入讞定罪，護著幼小成王在朝廷上接見各地諸侯。罪該當誅者斬之，有功必賞，是非分明，斷無顧忌遲疑不決，王威驚動天下，國家事權統一，可以說如武王在世、君無戲言。③成王既長，周公交政不戀棧王位，自己退居輔佐的身分。凡事請示成王而後行，一點也無驕傲自滿的臉色，可以說扮演好稱職臣子角色。④是以一介凡身，有十足能力成功扮演三種角色的周公，是其煩惱所在懂得變通的道理，可以在在處處隨順世事萬物無障無礙也。」這點我們可以考證歷史上，各朝各代多少功臣立下汗馬功勞，卻敵不過煩惱記憶因素作怪，成天捧著功績兀自以為大，而發生君臣芥蒂，最終悲劇收場，留下遺憾在人間。

《詩經》說：「⑤這條內學的路要走下去，還是得針對本身煩惱記憶習氣問題周旋到底，提得起貼身專注眼力。迄至專注的感受力反視當處轉而成為清淨念，內觀的開始。這是明心見性的君子煩惱能夠相容一切人、事、物，也就是說，當前逐漸有美妙內觀元神出現。⑥進而眼前有觀照元神隨順世事萬物如理如法轉物不已，時久之……現前煩惱所在轉成含藏天地宇宙新微域，於是君子心包太虛的新微域與元神合而為一，元神恆順萬物眾生無盡頭，成就了先天世界。」這就是周公從身上煩惱當中明白變通的無窮奧妙。

【註】

⑤左之：左，如《大學》第九章，所惡於右，毋以交於左。
之，如《大學》第七章，人之其所親愛而辟焉。還是談慣性
習氣、專注力（感）、先天清淨念的內觀關係。君子宜之：君
子身上有內觀元神出現，如《大學》第八章，宜其家人。右
之：右，如《大學》第九章，所惡於左，毋以交於右。還是
談世事萬物、內觀元神、觀照元神、心包太虛的新微域轉境
過程。君子有之：君子的新微域元神來臨。

　　周文公，姬姓，周氏，名旦，諡文，又稱周公旦、周
公，周文王排行第四兒子。輔佐武王克殷，制禮作樂，建
立典章制度，對易經創作亦有貢獻。是孔子一生最崇敬的
古代聖人，被尊為儒家奠基人，後世稱「元聖」。《論語》
子曰：「甚矣吾衰也！久矣吾不復夢見周公。」

　　說起周武王的心事，在其十位兄弟裡，唯有周公了
解；周公的理念，武王明白。因為道統相承路上你和我，
彼此心心相印，外人難以分曉。是以周本紀有載：周公旦
封在曲阜，國號為魯。但周公並未前往述職，仍是留在周
室朝廷裏助其兄周武王。武王在位未久，旋即離世。周武
王的嫡長子成王年幼，周公負起教養之責。周朝初創，四
方政局不穩定，為了領導統御方便，權宜之計，不得不稱
王號令天下。事實上，兄弟倆同心協力消滅暴虐商紂王。

武王自知周公多才多藝，唯有這位才德兼備的弟弟，可以偃武修文擔負起治國重責大任，讓人民百姓過好日子。而且武王亦是有先天世界的人，趁著幼兒還小，不會有雜音，此時不讓更待何時？乃有以下古文典籍記載：

《逸周書》：「……今維天使子，唯二神授朕靈期，予未致，予休，予近懷子。……維天不嘉于降來省，汝其可瘳于茲，乃今我兄弟相後，我筮龜其何所即。今用建庶建。叔旦恐，泣涕其手。」

　　意思是：「……今現在先天世界已經默默暗示我，我身上有新微域與元神合一之際，教我該是可以往生自在的時候了。我之所以未到先天世界，我仍留住人世間，是我想將國事託付於你。……老天不作美，降下諸多國家問題等待解決。只有你有能力，可以將前朝殷紂王留下來的諸多弊病掃除。如今我在前開國，你得在後留世治國。我就是占卜問卦，也不見得更能表達我的意思，我心意已決。今天我倆創建周朝而由你來繼承王位治理天下，兄終弟及也是天經地義的事。周公締聽到此，惶恐不已，泣不成聲拉著哥哥的手，久久不能自己。」撇開兄弟之情不說，誠可謂：英雄惜英雄。這才有後頭「周公制禮作樂」史上的

盛事。

【註】

維天使子：維天，先天世界，亦老天也。如文王篇《中庸》，維
天之命。唯二神：唯，一也。二神，新微域、元神。如《道德
經》第六十章，其鬼不神，鬼乃妄念當下轉元神，神即煩惱所
在轉新微域，此謂之二神。靈期：靈，指光明的先天世界。如
《道德經》第三十九章，神得一以靈。予近懷子：近，一線之
隔。如《大學》經，則近道矣。懷，思念、想念，懷舊之意。
可謂動用妄念，為世間事也，瘳：病愈也，喻改正前殷朝存在
的弊病。今用建庶建：用建，創建國家。庶建：國家王位繼承
以兄終弟及方式。

此時問題來了，分封在外的管叔不明就裡，被權利欲
望蒙昏了頭。心想，按兄終弟及理應由我管叔排行第三順
位，也不是排第四的周公旦來攬位。又按父死子繼也是由
嫡長子成王繼位，怎麼算都輪不到你周公，愈想愈不是滋
味。於是放出消息說：周公將不利於成王。暗地裡煽動蔡
叔及封在殷商舊地紂王的兒子武庚祿父，並策劃淮夷諸國
發動叛亂。周公深諳治國之道，攘外必先安內。安內首要
在溝通技巧，經取得朝野上下一致信賴與支持。心裡十分
清楚，如不毅然決然採取壯士斷腕決心，樹立王威，戰事

將連綿不絕。恐天下又走回頭路，成四分五裂狀態，彼此交戰不已，受害者是天下人民百姓，於心何忍！次年，周公開始東征討伐之旅，經歷三年堅苦奮戰，終於平服了亂源。七年之後，周朝局勢穩定，成王教養有成。周公環顧內外昇平，於是依其一手創制的周禮……王位仍由嫡長子繼承。將國家社稷交還成王，自己退居北面稱臣，明顯的告訴世人……功成身退，天之道。總結管、蔡之亂，應驗了一句名言：不可以小人之心度君子之腹。周公朗朗之心，之所以受命履天子位，暗合中華道統傳承堯、舜、禹、湯、文王、武王，皆是不得不之舉，唯天可鑑。

《禮記》有載：「周公……六年，朝諸侯於明堂，制禮作樂，頒度量，而天下大服。」其制禮作樂為孔夫子所津津樂道，尤其影響中華文化至鉅且深遠。

周禮有天官、地官、春官、夏官、秋官、冬官，大至國家天文曆象，小至溝洫道路。舉凡邦國建制、政法文教、禮樂兵刑、賦稅度支、膳食衣飾、寢廟車馬、農商醫卜、工藝製作、各種典章制度，冠、婚、喪、祭、朝、聘、鄉、射……等禮儀，無所不包。由此觀之，禮者建立天地秩序也，其中具體明文規定非三言兩語可以道盡。周公設禮之目的為何？不妨從基本原理原則來作探討：

《禮記》曲禮曰：「鸚鵡能言，不離飛鳥；猩猩能言，不離禽獸。今人而無禮，雖能言，不亦禽獸之心

乎?」能言，即互相溝通的意思，所以人與禽獸的區別，在於有禮。禮者具有人文素養，乃待人處事的根本，在送往迎來上表現，是修身立命的功夫，尊敬謙下之法門。所以禮蘊藏在我們身上即是理，就是煩惱所。而禮之所設，乃為約人之性情，反人之邪妄。就是禮針對人人的煩惱而設，乃為約束人之煩惱，反對人之無邊無際邪思妄念，引發作姦犯科無所不至。可以說，人有禮則安，無禮則危。直白的說，禮就是佛家講的戒律。佛戒有大小乘：小乘在事上戒，亦即依律明文規定，那些事情可以做，那些行為不可以犯；大乘在心上戒，直接改正微細人性習氣、叩關煩惱門，入學之始。所以尊師釋迦牟尼說：不學小乘後學大乘非佛弟子。

那樂呢？樂是重在社會的和諧，孝經曰：「……移風易俗，莫善于樂。」即樂教有陶冶心性，使人快樂安寧，生命得以延年益壽之功。其在《禮記》篇有詳述如下：

《禮記‧樂記》曰：「凡音之起，由人心生也。[1] 人心之動，物使之然也。[2] 感於物而動，故形於聲。[3] 聲相應，故生變；變成方，謂之音；[4] 比音而樂之，及干戚羽旄，謂之樂。[5]」

解釋如下：「①人人可以聽到周遭的一切雜音，是從身上的耳朵所在產生也。②更深一層分析，那是瞬間沒有妄念之際才能聽到音聲，這是耳根通煩惱的緣故，如果有深入體會，其實就是外在各種聲響促成煩惱的隨順附和也。③煩惱之中妄念滅了而聲升上來，乃是當處煩惱的源頭有妙相出自於聲。④如是微妙聲相即清淨念，當處念念徹底發生變化，不再是妄念；變成穿越時空內觀好相，漸漸才有內觀元神出現，開始轉境不厭不倦，謂之音，佛經說觀世音菩薩；⑤再來，眼前有觀照元神隨順之下有規律節奏不中斷，相伴而來的新微域於焉出爐，推而及之心包太虛一切皆是元神的恆順，謂之樂。」

【註】

①人心有二：前一粗淺的說，乃人之五根，身也。後一深入的解，指人之煩惱。即人是由身心共同組合而成。

②使之：煩惱所在。參考《大學》第八章，所以使眾也。

③故：煩惱的源頭。參考《大學》第二章，是故君子無所不用其極。

④方：大也，即內觀之徑。

⑤比：和也。及干戚羽旄：接上一句，乃除了音之外，尚包括演奏樂器暨相關場地、設施、佈置……等，引喻心包太虛世間一切皆在其內。

　　佛在《無量壽經》亦說：將來我們往生成佛，就叫做妙音如來。由上可知，妙音即是清淨念，進而才有元神的到來。再舉大家熟悉的《佛說阿彌陀經》印證：

　　「……彼國常有種種奇妙雜色之鳥：白鶴、孔雀、鸚鵡、舍利、迦陵頻伽、共命之鳥。是諸眾鳥，晝夜六時，出和雅音。其音演暢五根五力，七菩提分，八聖道分，如是等法。其土眾生，聞是音已，皆悉念佛，念法，念僧。」

　　這是釋迦牟尼佛舉音聲作佛事，以樂音表法接引眾生。我們一路學習下來無庸置疑，「國」乃代表果地的新微域，即大圓鏡智，是具體而微的空、現相的體，在因地即人人身上無量無邊的煩惱所在。

　　「……彼大圓鏡所照有叫聲悅耳的鳥兒：白鶴、孔雀、鸚鵡、舍利、迦陵頻伽，俱皆大圓鏡是一不是二微妙法身佛，可謂生命共同體。由此可知，乃是釋迦牟尼佛引喻諸有眾生的發聲作響，不分白天晚上，皆從當下煩惱所在產生出有節奏感的清淨念。如此這般有規律的清淨念即是廣大微妙相，打破了身上眼、耳、鼻、舌、身的藩籬界限，於是聞觸之際不復有妄念遮掩。久而久之，當下煩惱所在轉成大圓鏡，所照俱是全體現相，一一平等圓滿光明

相。這就是現前大圓鏡心包太虛，其中生生不息眾生，在反照當下，皆是光明相佛、即是眾生、即是淨念相繼。」所謂是……此方真教體，清淨在音聞。

【註】

種種奇妙雜色之鳥：種種，指鳥由身、心兩方面組合而成，其複雜程度亦多矣。奇妙，講的是心，較明顯的表現在悅耳鳴叫聲，如《道德經》第五十八章，正復為奇。雜色，指的是身，有眼、耳……，五顏六色羽毛。參考《禮記》樂記，有關人心的詮釋。共命之鳥：即十方三世佛共同一法身之意。是諸眾鳥：比喻所有眾生亦是身心共同組合而成。出和雅音：和，乃煩惱所。如《道德經》第二章，音聲相和。雅音，清淨念。如前揭，謂之音。其音演暢：演，表演，有相的意思。暢，暢通無礙。五根五力：五根，眼、耳、鼻、舌、身。五力，我們五根聞觸不再是色、聲、香、味、觸，而法法皆呈微妙廣大相，妄念不再干擾。又說文解字：力，筋也，筋者其體，力者其用，亦是從體起用，直接現相。七菩提分：七菩提，對應五根，說明煩惱轉大圓鏡智的過程，如初一的月芽乍現，一直到十五的月圓，漸進式……覺的呈現。分，指進度、次第的意思。八聖道分：對照五力，陳述究竟圓滿的大光明相，即是正知正見，並非一次到位，必須慢慢的契合，直到無量光。如湯篇·賈誼新書，聖王之道。其土眾生：其土，乃彼國其土，意

思是彼大圓鏡其包太虛天地，亦淨土。如《大學》第八章，有土此有財。聞是音已：此音是宇宙人生真相。如湯篇《莊子·逍遙遊》，湯之問棘也是已。意思是在照的當下。

　　總而言之，禮以通俗的話說：人不做虧心事，不怕夜半鬼敲門。就是因戒得定，有專注力。樂以淺顯易懂的話，就是因定開慧，專注感轉清淨念。所以至聖先師孔夫子曰：「禮云，禮云，玉帛云乎哉？樂云，樂云，鐘鼓云乎哉？」意即：禮在說明規範戒律，我們人人應該從煩惱下手學習，難道是在於祭祀形式上的圭璧帛幣禮物嗎？美妙樂音，實質上是清淨念，難道是在於表面敲打的鐘鼓樂器嗎？是故周公是明白人，在三千年前就為後代子孫設計一套完善根本內明之學，源遠流長傳下來。漢朝文學家賈誼評價周公為：「孔子之前，黃帝之後，于中華民族有大關係者，周公一人而已。」

《說苑·敬慎》：昔成王封周公，周公辭不受，乃封周公子伯禽於魯，將辭去，周公戒之曰：「去矣！子其無以魯國驕士矣。我，文王之子也，武王之弟也，今王之叔父也；又相天子，吾於天下亦不輕矣。然嘗一沐三握髮，一食而三吐哺，猶恐失天下之士。吾聞之曰：德行廣大而守

以恭者榮，土地博裕而守以儉者安，祿位尊盛而守以卑者貴，人眾兵強而守以畏者勝，聰明睿智而守以愚者益，博聞多記而守以淺者廣；此六守者皆謙德也。夫貴為天子，富有四海，不謙者先天下亡其身，桀紂是也，可不慎乎！故《易》曰：有一道，大足以守天下，中足以守國家，小足以守其身，謙之謂也。……」

解釋如下：之前成王封地予周公，周公辭謝，乃以子代父封周公兒子伯禽於魯國。伯禽赴任前，特來向父親大人辭行。

周公告誡兒子曰：「去吧！此番前往魯國就職，你就是魯國公，千萬不能以此尊貴身分驕傲不已。你父親——我，乃周文王的兒子，武王的弟弟，今周朝天子成王的叔叔也；又是輔佐朝廷的宰相，我於國家來說，可謂佔有舉足輕重角色呀。然而我曾經屢次在沐浴之中，有賢士進門求見，不假思索立即手握淋溼的頭髮（古時皆留長髮）出來見面。吃一頓飯，亦常有賢士來訪，飯尚未入口，立即到大廳接見。唯恐怠慢了天下人才賢士，因此棄我而去。

再說，我聽到祖先智慧的誡語：有日積月累善行而守住恭敬的人善念不退轉，田產眾多家境富裕而守住節儉的人心境平和，在社會上享有崇高地位而守住謙遜的人大家

尊敬，軍容壯盛兵多將廣而守住戒慎恐懼的人戰無不勝，
聰明智慧而守住大智若愚的人無往不利，博學多聞而守住
學有不足的人生命閱歷豐富；此六種守住不自滿的人皆是
謙卑的德行也。而貴為一國君主，天下莫非我王土。如果
不懂得謙虛的人，必定是國家將亡的前兆，夏桀、商紂，
皆是如此之人也。可以不謹慎警惕勿犯同樣過失乎！

　　故《易經》曰：「有一種方法，大的利益可以守住本
來的先天世界，中的利益可以守住國家社稷經久不衰，小
的利益可以守住一生安然無恙，唯有恭敬謙卑是
也。……」

　　「中華道統文化一脈相傳」到此告一段落。至聖先師
孔子繼承了先王堯、舜、禹、湯、文、武、周公的治世理
念、禮樂制度及先天世界之道。繼續闡述道統一以貫之的
內涵，期望先人博大精深的智慧勿令中斷，後世咸認孔子
為儒家學術創始人。而今我們身為中華民族一份子，亦肩
負傳承的使命，務使儒、道的真實意義發揚光大。

國家圖書館出版品預行編目資料

大學之道／張俊星著. ―初版.―臺中市：白象文
化，2018.8
　　面；　公分.
ISBN 978-986-358-690-6（平裝）
1.大學（經書）2.研究考訂
121.2517　　　　　　　　　　107009776

大學之道

作　　者　張俊星
校　　對　張俊星
專案主編　吳適意
出版編印　徐錦淳、林榮威、吳適意、林孟侃、陳逸儒、黃麗穎
設計創意　張禮南、何佳諠
經銷推廣　李莉吟、莊博亞、劉育姍、李如玉
經紀企劃　張輝潭、洪怡欣
營運管理　黃姿虹、林金郎、曾千熏
發 行 人　張輝潭
出版發行　白象文化事業有限公司
　　　　　402台中市南區美村路二段392號
　　　　　出版、購書專線：（04）2265-2939
　　　　　傳真：（04）2265-1171
印　　刷　基盛印刷工場
初版一刷　2018 年 8 月
定　　價　300 元

白象文化　印書小舖 PRESSSTORE　出版・經銷・宣傳・設計
www.ElephantWhite.com.tw　自費出版的領導者　購書 白象文化生活館